ドリルを はじめる

この ドリルでは マインクラフトの なか間《ま》たちと いっしょに かん字《じ》の もんだいに チャレンジするよ。 みんなも 学校《がっこう》で かん字《じ》を べん強《きょう》して いるよね。

もしかしたら むずかしいと 思《おも》って いるかもしれないね。でも 大《だい》じょうぶ！

この ドリルに とり組《く》めば まるで マインクラフトの ゲームで あそぶみたいに 楽《たの》しく かん字《じ》を 学《まな》べるよ。

ドリルを といていくうちに 本《ほん》を 読《よ》んだり かん字《じ》を つかった 文《ぶん》を 書《か》いたり する ことが 楽《たの》しく なって くるよ。

さあ さっそく ドリルに とり組《く》んで いこう！

もくじ

このドリルの使《つか》い方《かた》

おうちの　人《ひと》と　いっしょに　読《よ》みましょう。

ドリルの進《すす》め方《かた》

漢字《かんじ》の練習《れんしゅう》 ➡ 基本《きほん》の問題《もんだい》 ➡ まとめのミニテスト

を繰《く》り返《かえ》します。

➡ 最後《さいご》に まとめのテストをします。

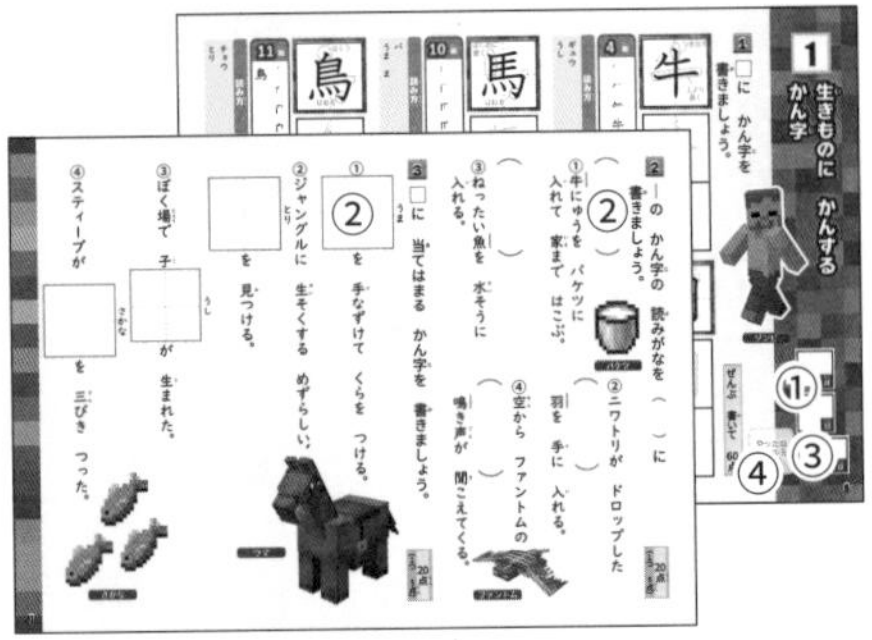

①勉強《べんきょう》した日付《ひづけ》を書《か》きましょう。

②答《こた》えは（　）や□内《ない》に書《か》きましょう。その他《ほか》は、問題《もんだい》の指示《しじ》に従《したが》いましょう。

③問題《もんだい》が終《お》わったら、答《こた》えのページを見《み》て答《こた》え合《あ》わせをしましょう。問題文《もんだいぶん》の下《した》にある点数《てんすう》を数《かぞ》えて、合計点《ごうけいてん》（100点満点《てんまんてん》）を書《か》きましょう。

④点数《てんすう》をつけたら、最後《さいご》にやったねシールを貼《は》りましょう。

※「答《こた》え」（76～80ページ）のページにはおうちの方向《かたむ》けにアドバイスが書《か》いてあります。お子《こ》さまの漢字《かんじ》指導《しどう》に役立《やくだ》ててください。

お手本《てほん》のかん字《じ》のページの見方《みかた》

書《か》きじゅんの数字《すうじ》を見《み》ながらていねいに書《か》きましょう。

書《か》くときにちゅういするところをしめしています。↓は書《か》く向《む》きをしめしています。

数字《すうじ》は書《か》きじゅんです。

アレックス

一画目《いっかくめ》から書《か》き上《あ》げるまでの書《か》きじゅんをあらわしています。

ぜんぶで何回《なんかい》で書《か》くか（画数《かくすう》）をあらわしています。

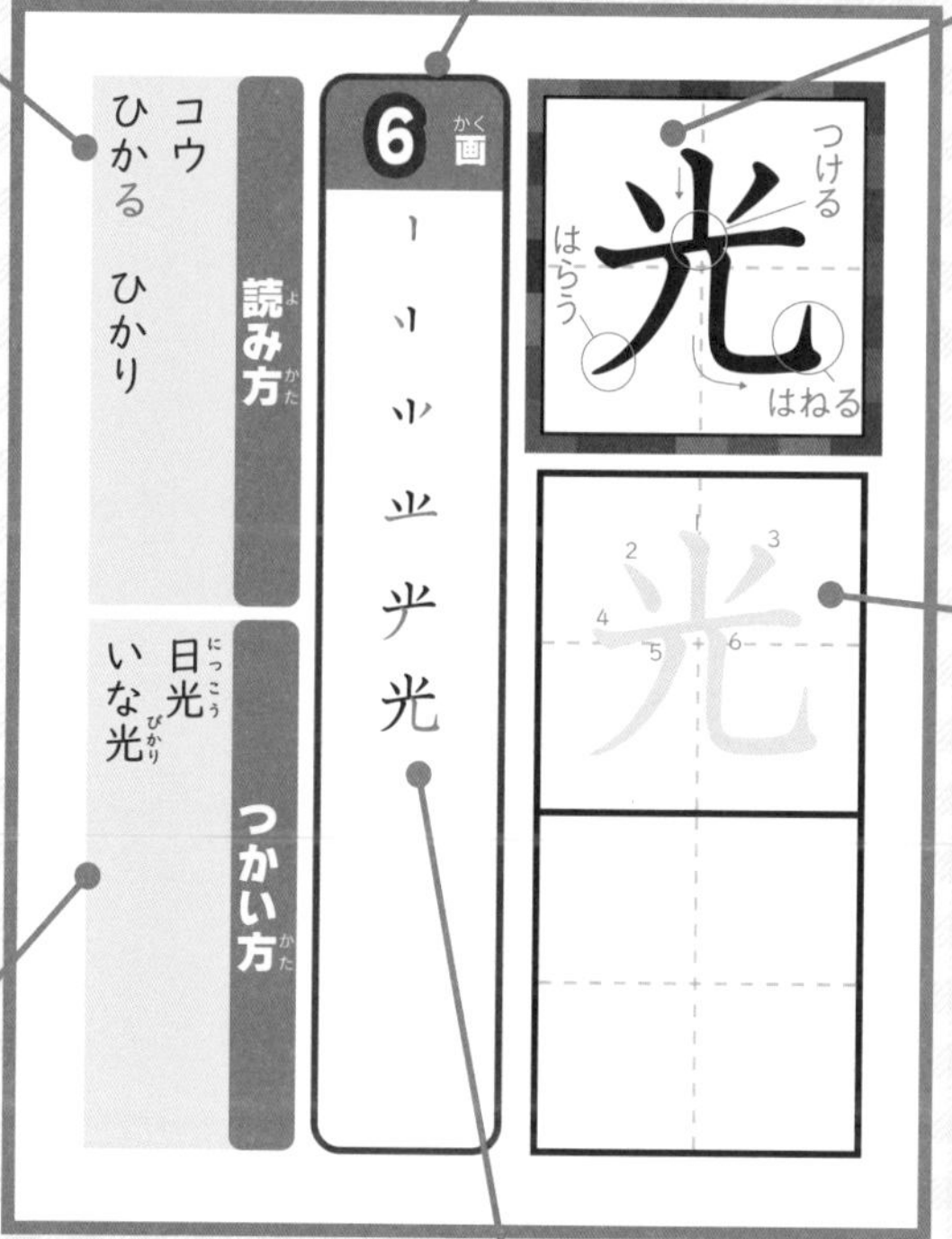

ブレイズ

つかい方《かた》のれいです。ほかの言《こと》ばの後《あと》につくとき「いな光《びかり》」の「光《びかり》」のようににごる音《おん》になることがあります。

ネコ

カタカナは音読《おんよ》み　ひらがなはくん読《よ》みです。青色《あおいろ》の文字《もじ》はおくりがなです。

※音読《おんよ》み：むかしの中国《ちゅうごく》でのはつ音《おん》をもとにして読《よ》む読《よ》み方《かた》。
※くん読《よ》み：日本《にほん》の言《こと》ばにあてはめて読《よ》む読《よ》み方《かた》。
※（　）は小学校《しょうがっこう》ではならわない読《よ》み方《かた》です。

スティーブ

※おうちの方《かた》へ：「とめ」「はね」「はらい」については、いろいろな指導《しどう》がなされています。本《ほん》ドリルでは、はじめて漢字《かんじ》を学《まな》ぶお子《こ》さまが、どこに注意《ちゅうい》したらよいかを示《しめ》すポイントと考《かんが》えて、説明《せつめい》しています。
※書《か》き順《じゅん》には「上《うえ》から下《した》に」「左《ひだり》から右《みぎ》に」「縦画《たてかく》と横画《よこかく》が交《まじ》わる場合《ばあい》は、ほとんどが横画《よこかく》から先《さき》に書《か》く」など、基本的《きほんてき》なルールがあります。本書《ほんしょ》に出《で》てくる漢字《かんじ》に当《あ》てはめながら、お子《こ》さまといっしょにチェックしてみるのもおすすめです。

※右《みぎ》の　カタカナは　音読《おんよ》みです。左《ひだり》の　ひらがなは　くん読《よ》みです。青色《あおいろ》の　文字《もじ》は　おくりがなです。

二年生《にねんせい》の　かん字《じ》の　ひょう〈160字《じ》〉

二年生《にねんせい》で　ならう　かん字《じ》です。この　ドリルで　ならう　じゅんに　ならんで　います。■の　中《なか》の　数字《すうじ》の　ページを　見《み》て　くわしい　せつ明《めい》を　読《よ》んで　みましょう。

ニワトリ

6	牛	ギュウ	うし
6	羽		は
6	馬	バ	うま
6	魚	ギョ	うお
6	鳥	チョウ	とり
6	鳴	メイ	なく
8	引	イン	ひく
8	交	コウ	まじわる
8	売	バイ	うる
8	買	バイ	かう
8	合	ゴウ	あう
8	計	ケイ	はかる
10	色	ショク	いろ
10	明	メイ	あかり
10	茶	チャ	
10	黄	オウ	き
10	黒	コク	くろ
10	番	バン	
12	刀	トウ	かたな
12	弓		ゆみ
12	矢		や
12	台	ダイ	
12	用	ヨウ	もちいる
12	光	コウ	ひかる
14	米	ベイ	こめ
14	肉	ニク	
14	麦		むぎ
14	食	ショク	くう
14	紙	シ	かみ
14	組	ソ	くむ
18	当	トウ	あたる
18	星	セイ	ほし
18	風	フウ	かぜ
18	雪	セツ	ゆき
18	晴	セイ	はれる
18	雲	ウン	くも
20	内	ナイ	うち
20	外	ガイ	そと
20	戸	コ	と
20	自	ジ	みずから
20	汽	キ	
20	門	モン	
22	店	テン	みせ
22	室	シツ	
22	船	セン	ふね
22	場	ジョウ	ば
22	園	エン	
22	電	デン	
24	毛	モウ	け
24	心	シン	こころ
24	考	コウ	かんがえる
24	声	セイ	こえ
24	言	ゲン	いう
24	体	タイ	からだ
26	思	シ	おもう
26	首	シュ	くび
26	楽	ガク	たのしい
26	話	ワ	はなす
26	頭	トウ	あたま
26	顔	ガン	かお
30	少	ショウ	すくない
30	多	タ	おおい
30	新	シン	あたらしい
30	古	コ	ふるい
30	前	ゼン	まえ
30	後	ゴ	のち
32	広	コウ	ひろい
32	高	コウ	たかい
32	強	キョウ	つよい
32	弱	ジャク	よわい
32	近	キン	ちかい
32	遠	エン	とおい

ページ	漢字	音読み	訓読み
34	東	トウ	ひがし
34	西	セイ	にし
34	南	ナン	みなみ
34	北	ホク	きた
34	池	チ	いけ
34	寺	ジ	てら
36	公	コウ	
36	方	ホウ	かた
36	市	シ	いち
36	里	リ	さと
36	京	キョウ	
36	道	ドウ	みち
40	朝	チョウ	あさ
40	昼	チュウ	ひる
40	夜	ヤ	よ
40	今	コン	いま
40	毎	マイ	
40	何		なに
42	時	ジ	とき
42	分	ブン	わける
42	週	シュウ	
42	間	カン	あいだ
42	曜	ヨウ	
42	午	ゴ	
44	切	セツ	きる
44	止	シ	とまる
44	行	コウ	いく
44	来	ライ	くる
44	走	ソウ	はしる
44	歩	ホ	あるく
46	記	キ	しるす
46	書	ショ	かく
46	通	ツウ	とおる
46	歌	カ	うた
46	読	ドク	よむ
46	聞	ブン	きく
50	丸	ガン	まる
50	角	カク	かど
50	太	タイ	ふとい
50	細	サイ	ほそい
50	形	ケイ	かた
52	同	ドウ	おなじ
52	長	チョウ	ながい
52	直	チョク	ただちに
52	点	テン	
52	線	セン	
54	春	シュン	はる
54	夏	カ	なつ
54	秋	シュウ	あき
54	冬	トウ	ふゆ
54	海	カイ	うみ
54	原	ゲン	はら
56	万	マン	
56	回	カイ	まわる
56	地	チ	
56	谷		たに
56	岩	ガン	いわ
56	野	ヤ	の
58	兄	キョウ	あに
58	弟	ダイ	おとうと
58	姉		あね
58	妹		いもうと
58	才	サイ	
58	友	ユウ	とも
60	父	フ	ちち
60	母	ボ	はは
60	元	ゲン	もと
60	家	カ	いえ
60	帰	キ	かえる
60	親	シン	おや
64	理	リ	
64	科	カ	
64	社	シャ	やしろ
64	会	カイ	あう
64	国	コク	くに
64	語	ゴ	かたる
66	算	サン	
66	数	スウ	かず
66	図	ズ	
66	画	ガ	
66	工	コウ	
66	作	サク	つくる
68	半	ハン	なかば
68	知	チ	しる
68	活	カツ	
68	教	キョウ	おしえる
68	絵	カイ	
68	答	トウ	こたえる

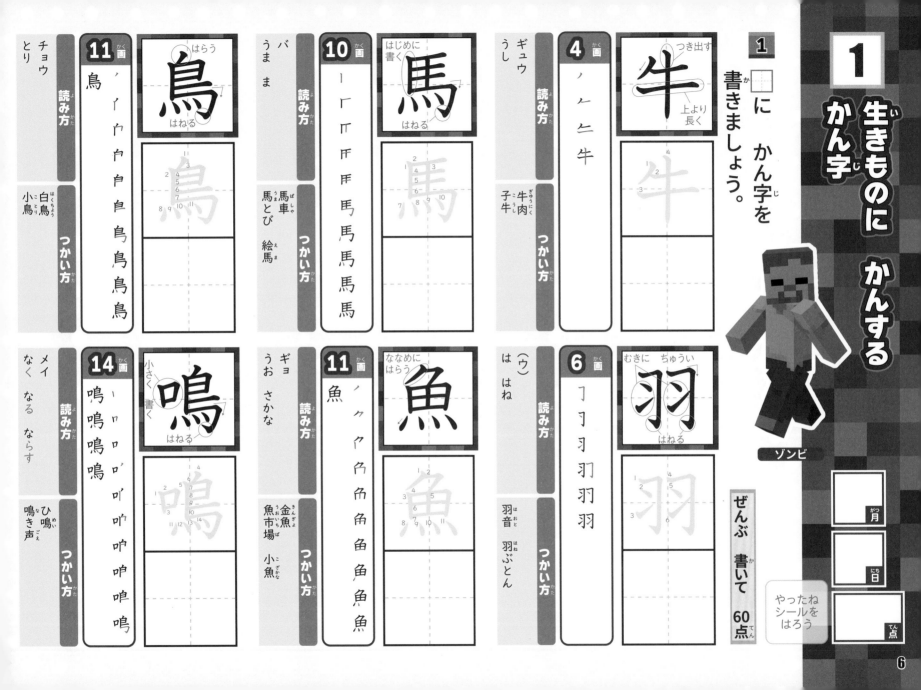

1 生《い》きものに かんする かん字《じ》

1 □に かん字《じ》を 書《か》きましょう。

ゾンビ

ぜんぶ 書《か》いて 60点《てん》

やったね シールを はろう

月《がつ》 日《にち》 点《てん》

牛 4画《かく》

つき出す
上より 長く

読《よ》み方《かた》
ギュウ
うし

つかい方《かた》
牛肉《ぎゅうにく》 子牛《こうし》

羽 6画《かく》

むきに ちゅうい
はねる

読《よ》み方《かた》
(ウ)
は はね

つかい方《かた》
羽音《はおと》 羽《はね》ぶとん

馬 10画《かく》

はじめに 書く
はねる

読《よ》み方《かた》
バ
うま ま

つかい方《かた》
馬車《ばしゃ》 馬《うま》とび 絵馬《えま》

魚 11画《かく》

ななめに はらう

読《よ》み方《かた》
ギョ
うお さかな

つかい方《かた》
金魚《きんぎょ》 魚市場《うおいちば》 小魚《こざかな》

鳥 11画《かく》

はらう
はねる

読《よ》み方《かた》
チョウ
とり

つかい方《かた》
白鳥《はくちょう》 小鳥《ことり》

鳴 14画《かく》

小さく 書く
はねる

読《よ》み方《かた》
メイ
なく なる ならす

つかい方《かた》
ひ鳴《めい》 鳴《な》き声《ごえ》

2 ―の かん字《じ》の 読《よ》みがなを （　）に 書《か》きましょう。

（1つ5点《てん》）20点《てん》

①牛にゅうを バケツに 入《い》れて 家《いえ》まで はこぶ。
（　　　　）

バケツ

②ニワトリが ドロップした 羽を 手《て》に 入《い》れる。
（　　　　）

③ねったい魚を 水《すい》そうに 入《い》れる。
（　　　　）

④空《そら》から ファントムの 鳴き声《ごえ》が 聞《き》こえて くる。
（　　　　）

ファントム

3 □に 当《あ》てはまる かん字《じ》を 書《か》きましょう。

（1つ5点《てん》）20点《てん》

①□《うま》を 手《て》なずけて くらを つける。

②ジャングルに 生《せい》そくする めずらしい □《とり》を 見《み》つける。

ウマ

③ぼく場《じょう》で 子《こ》□《うし》が 生《う》まれた。

④スティーブが □《さかな》を 三《さん》びき つった。

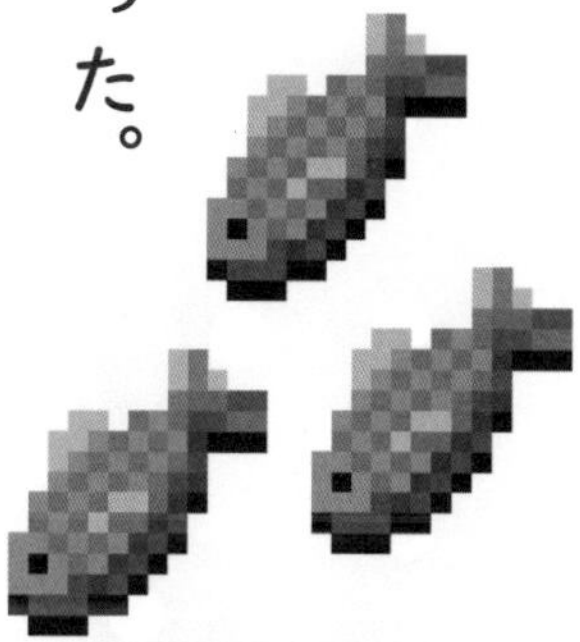

さかな

2 とり引《ひ》きに かんする かん字《じ》

1 □に かん字《じ》を 書《か》きましょう。

引
まっすぐ 下ろす　はねる

4 画《かく》

読《よ》み方《かた》：イン　ひく　ひける

つかい方《かた》：引用《いんよう》　つな引《ひ》き

乛 コ 弓 引

売
上より みじかく　はねる　はらう

7 画《かく》

読《よ》み方《かた》：バイ　うる　うれる

つかい方《かた》：はつ売《ばい》　売《う》り場《ば》

一 十 士 士 声 売 売

合
つける　わすれない

6 画《かく》

読《よ》み方《かた》：ゴウ　ガッ　カッ　あう　あわす　あわせる

つかい方《かた》：合《ごう》かく　合図《あいず》

ノ 人 亼 今 合 合

交
あける　とめる　はらう

6 画《かく》

読《よ》み方《かた》：コウ　まじわる　まじえる　まじる　まざる　まぜる・(かう)・(かわす)

つかい方《かた》：交《こう》さ点《てん》　交番《こうばん》

丶 亠 六 六 交 交

買
「四」と しない　とめる　はらう

12 画《かく》

読《よ》み方《かた》：バイ　かう

つかい方《かた》：売買《ばいばい》　買《か》いもの

丨 冂 冂 罒 罒 罒 罒 買 買 買 買 買

計
長く のばす

9 画《かく》

読《よ》み方《かた》：ケイ　はかる　はからう

つかい方《かた》：計画《けいかく》　計《はか》り知《し》れない

丶 亠 亠 言 言 言 言 言 計

アレイ

ぜんぶ 書《か》いて 60点《てん》

月《がつ》　日《にち》　点《てん》

やったね シールを はろう

2 ―の かん字《じ》の 読《よ》みがなを （　）に 書《か》きましょう。

20点《てん》（1つ 5点《てん》）

① 村人《むらびと》たちが 交りゅうを ふかめる。
（　　　）

村人《むらびと》

② 村《むら》に 新《あたら》しく パンの 売店《てん》が できた。
（　　　）

③ 朝《あさ》 八時《はちじ》に しゅう合して たんけんに 出《で》かける。
（　　　）

④ ブロックの 数《かず》を 計算《さん》する。
（　　　）

アレックス

3 □に 当《あ》てはまる かん字《じ》を 書《か》きましょう。

20点《てん》（1つ 5点《てん》）

① 地図《ちず》に 線《せん》を □《ひ》いた。

② 行《ぎょう》しょう人《にん》から ビートルートの たねを □《か》う。

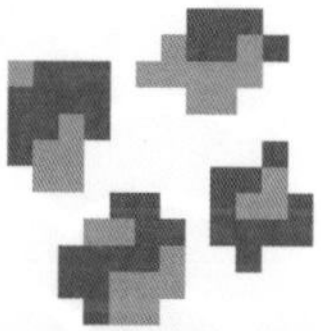

ビートルートの たね

③ ダイヤモンドに 小石《こいし》が □《ま》じって いた。

ダイヤモンド

④ エンダーマンと 目《め》を □《あ》わせないように して にげる。

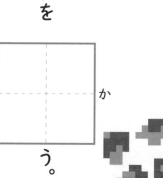

3 色《いろ》にかんするかん字《じ》

1 □にかん字《じ》を書《か》きましょう。

色

6画《かく》

はねる　まげる

読《よ》み方《かた》：ショク　シキ　いろ

つかい方《かた》：原色《げんしょく》　色《いろ》えんぴつ

茶

9画《かく》

とめる　あける

読《よ》み方《かた》：チャ　（サ）

つかい方《かた》：こう茶《ちゃ》　茶《ちゃ》わん

黒

11画《かく》

上より　長く

読《よ》み方《かた》：コク　くろ　くろい

つかい方《かた》：黒《こく》ばん　黒《くろ》まめ

明

8画《かく》

小さく　はねる　はらう

読《よ》み方《かた》：メイ　ミョウ　あかり　あかるい　あかるむ　あからむ　あきらか　あける　あく　あくる　あかす

つかい方《かた》：せつ明《めい》　夜《よ》明《あ》け

黄

11画《かく》

上より　長く　つき出す　とめる

読《よ》み方《かた》：オウ・（コウ）　き・（こ）

つかい方《かた》：黄金《おうごん》　黄色《きいろ》

番

12画《かく》

はらう　とめる

読《よ》み方《かた》：バン

つかい方《かた》：番《ばん》ごう　当番《とうばん》

ガーディアン

ぜんぶ書《か》いて60点《てん》

やったねシールをはろう

月《がつ》　日《にち》　点《てん》

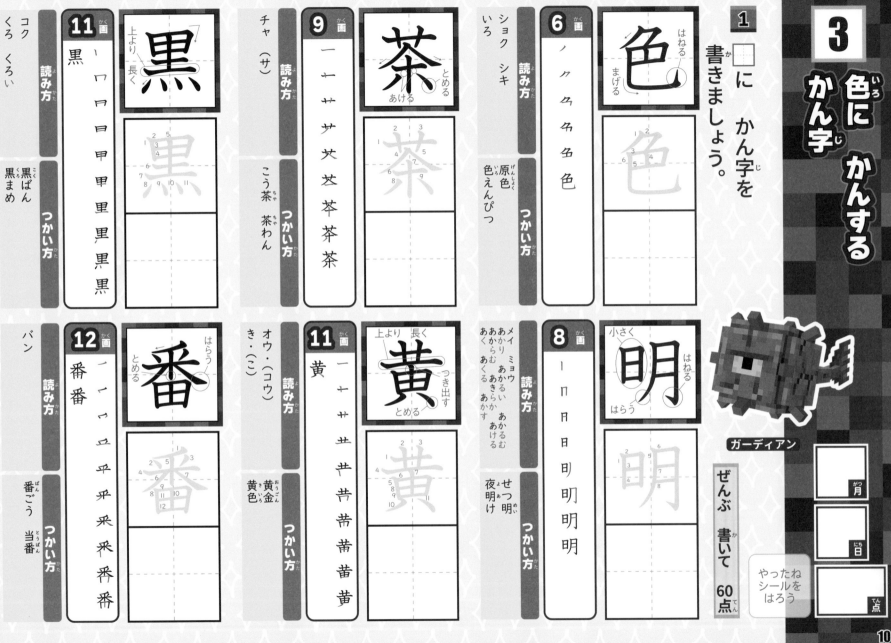

2 ーの かん字《じ》の 読《よ》みがなを （　）に 書《か》きましょう。

20点《てん》（1つ 5点《てん》）

①黄金《ごん》に かがやく 小麦《こむぎ》を しゅうかくする。（　　）

②とう明な ガラスを 家《いえ》の まどに とりつける。（　　）

③ベッドを 茶色に そめる。（　　）

④三《さん》色の カエルが いる。（　　）

カエル

3 □に 当《あ》てはまる かん字《じ》を 書《か》きましょう。

20点《てん》（1つ 5点《てん》）

①どうくつの 中《なか》で □《くろ》い クモに おそわれる。

②金《きん》の インゴットを じゅん□《ばん》に ならべる。

③にわに □《き》□《いろ》い ひまわりが さく。

④たいまつの □《あ》かりを たよりに 地下《ちか》を すすむ。

クモ

金《きん》の インゴット

ひまわり

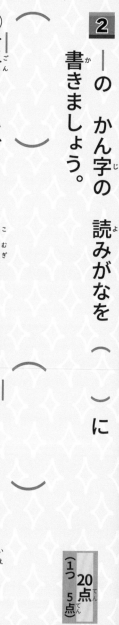

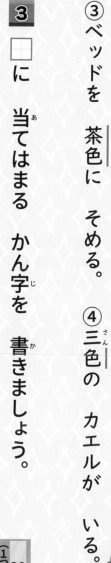

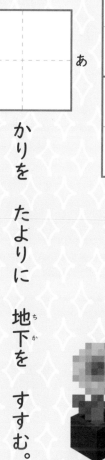

4 食《しょく》りょう・アイテムにかんするかん字《じ》①

1 □にかん字《じ》を書《か》きましょう。

刀

2画《かく》

つき出さない　はねる

フ　刀

読《よ》み方《かた》
トウ
かたな

つかい方《かた》
木刀《ぼくとう》
小刀《こがたな》

矢

5画《かく》

つき出さない　上より長く　はらう

ノ　𠂉　𠂉　午　矢

読《よ》み方《かた》
（シ）
や

つかい方《かた》
矢《や》じるし
ふき矢《や》

用

5画《かく》

はねる　つき出す

丿　冂　月　月　用

読《よ》み方《かた》
ヨウ
もちいる

つかい方《かた》
用《よう》い
り用《よう》

ゾグリン

弓

3画《かく》

はねる

㇕　コ　弓

読《よ》み方《かた》
（キュウ）
ゆみ

つかい方《かた》
弓《ゆみ》なり
弓矢《ゆみや》

台

5画《かく》

とめる

𠃋　厶　厶　台　台

読《よ》み方《かた》
ダイ　タイ

つかい方《かた》
台《だい》どころ
台風《たいふう》

光

6画《かく》

つける　はらう　はねる

丨　丨丨　⺌　业　𫩏　光

読《よ》み方《かた》
コウ
ひかる　ひかり

つかい方《かた》
日光《にっこう》
いな光《びかり》

ぜんぶ書《か》いて60点《てん》

やったねシールをはろう

月《がつ》
日《にち》
点《てん》

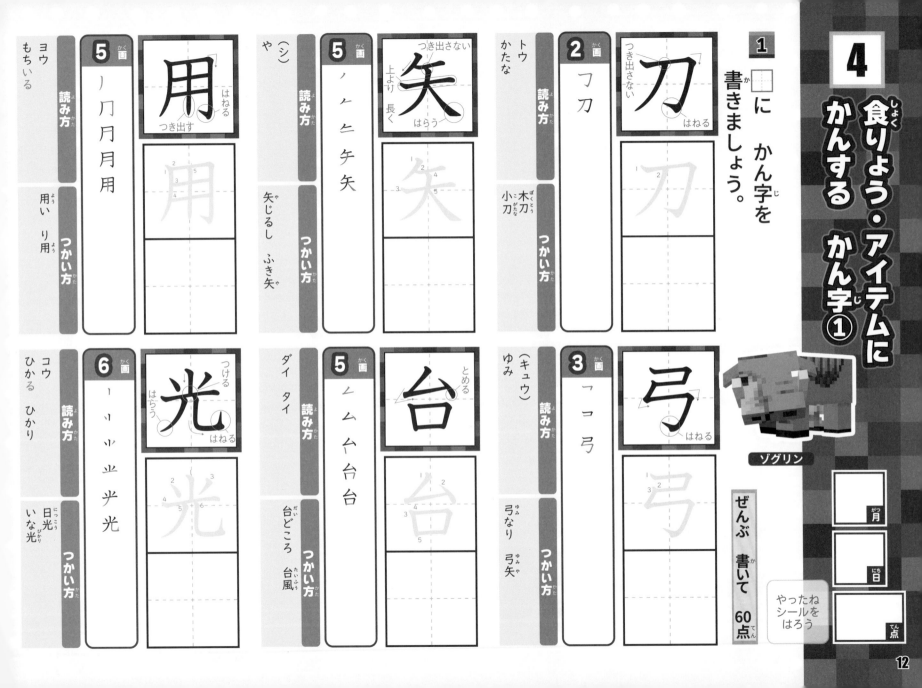

2 ―の かん字《じ》の 読《よ》みがなを （　）に 書《か》きましょう。

（1つ 5点《てん》） 20点《てん》

① 日本《にほん》刀で モンスターと たたかう。
（　　　）

日本《にほん》刀

② スケルトンは 弓矢で こうげきして くる。
（　　　）

スケルトン

③ 台風《ふう》のような あらしが ジャングルに ふきあれた。
（　　　）

④ ゾンビからの こうげきに 用心《じん》しながら すすむ。
（　　　）

3 □に 当《あ》てはまる かん字《じ》を 書《か》きましょう。

（1つ 5点《てん》） 20点《てん》

① 遠《とお》くから □《や》が とんでくる。

② □《だい》どころに かまどを おいて 肉《にく》を やく。

肉《にく》

かまど

③ 金《きん》の ぼうぐを □《もち》いて ピグリンの こうげきから みを まもる。

④ 夜空《よぞら》に □《ひか》る 星《ほし》を ぼう遠《えん》きょうで 見《み》る。

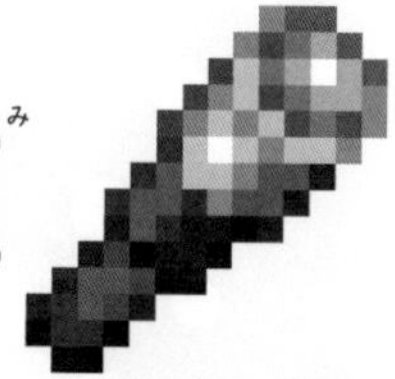

ぼう遠《えん》きょう

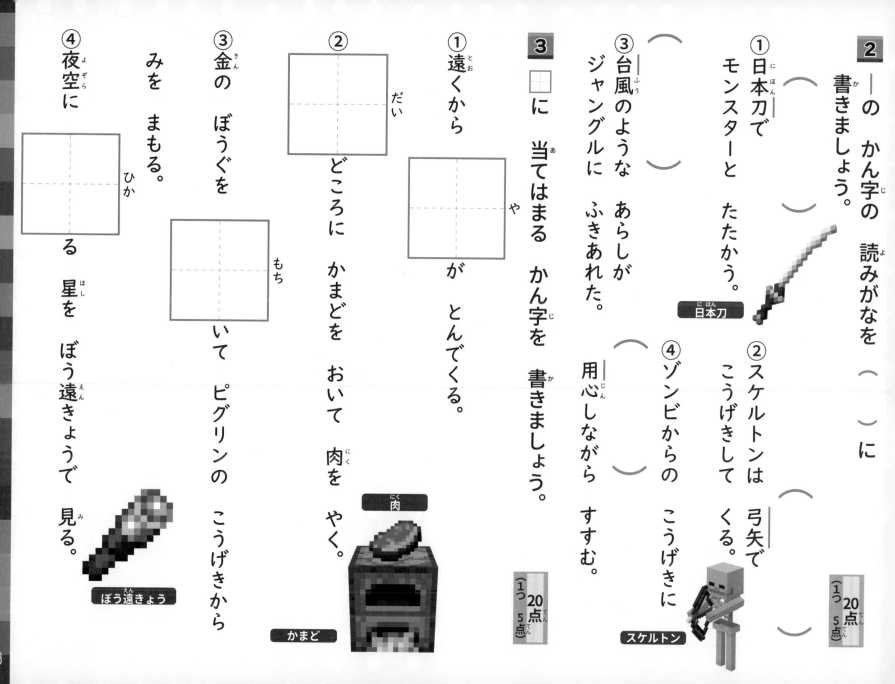

5 食《しょく》りょう・アイテムにかんするかん字《じ》②

1 □に かん字《じ》を書《か》きましょう。

米
6画《かく》

つける

読《よ》み方《かた》：ベイ　マイ　こめ

つかい方《かた》：白米《はくまい》　米《こめ》つぶ

麦
7画《かく》

長く　はらう

読《よ》み方《かた》：(バク)　むぎ

つかい方《かた》：小麦《こむぎ》　麦茶《むぎちゃ》

紙
10画《かく》

はねる

読《よ》み方《かた》：シ　かみ

つかい方《かた》：ひょう紙《し》　おり紙《がみ》

肉
6画《かく》

つき出す　とめる

読《よ》み方《かた》：ニク

つかい方《かた》：牛肉《ぎゅうにく》　やき肉《にく》

食
9画《かく》

つける　みじかく　立てる　はらう

読《よ》み方《かた》：ショク・(ジキ)　くう・(くらう)　たべる

つかい方《かた》：きゅう食《しょく》　食《た》べもの

組
11画《かく》

出す

読《よ》み方《かた》：ソ　くむ　くみ

つかい方《かた》：組《そ》しき　番組《ばんぐみ》

スニッファー

ぜんぶ書《か》いて60点《てん》

やったねシールをはろう

月《がつ》　日《にち》　点《てん》

2 ―の かん字《じ》の 読《よ》みがなを （　）に 書《か》きましょう。

（1つ5点《てん》）20点《てん》

① 今年《ことし》は 米作《づく》りに チャレンジする。
（　　　　）

② 牛《ぎゅう》肉を やいて ステーキに する。
（　　　　）

ヒツジ

③ 小《こ》麦を えさに して ヒツジを つれてくる。
（　　　　）

④ 食じの 時《じ》間《かん》を わすれて はたけ作《づく》りに しゅう中《ちゅう》する。
（　　　　）

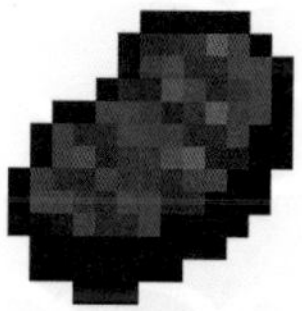

ステーキ

3 □に 当《あ》てはまる かん字《じ》を 書《か》きましょう。

（1つ5点《てん》）20点《てん》

① タイガの 村《むら》への 行《い》き方《かた》を □《かみ》に 書《か》く。

② 青《あお》と 白《しろ》の 色《いろ》の □《く》み合《あ》わせの 家《いえ》を たてる。

家《いえ》

③ ジャングルで たくさんの 虫《むし》に □《く》われる。

④ □《むぎ》わらぼうしを かぶった のうみんと とり引《ひ》きする。

のうみん

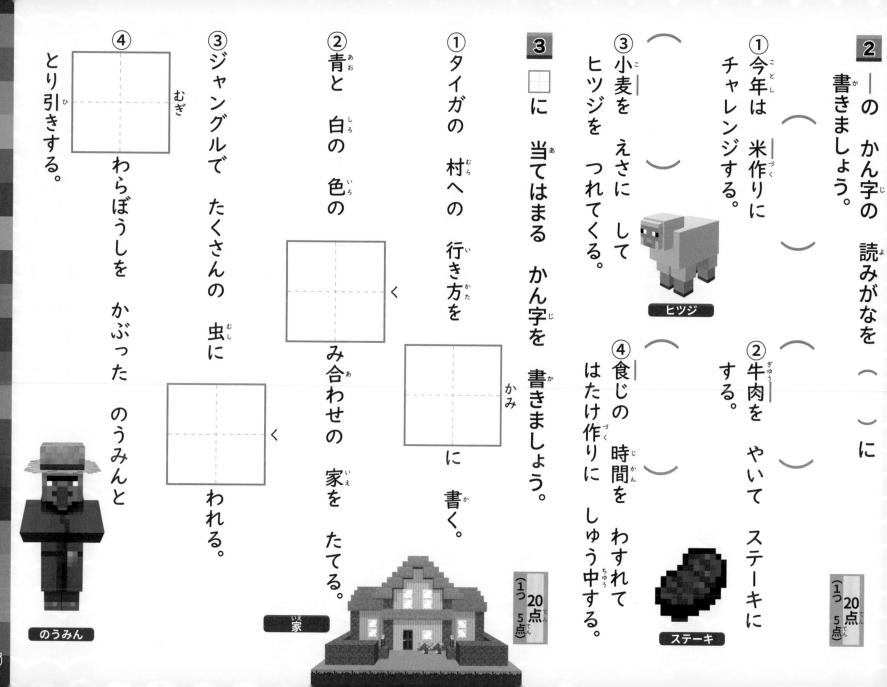

6 6〜15ページの まとめの ミニテスト

6〜15ページで 学《がく》しゅうした かん字《じ》を おさらいしましょう。

月《がつ》　日《にち》　点《てん》

やったね シールを はろう

1

―の かん字《じ》の 読《よ》みがなを （　）に 書《か》きましょう。

（1つ 5点《てん》）25点《てん》

①やき鳥せいぞうきを 手《て》に 入《い》れる。（　）

②村人《むらびと》が ケーキを はん売する。（　）

③ウィッチの 小《こ》やで 黒い ネコを 見《み》つける。（　）

④日《にっ》光の おかげで やさいが よく そだつ。（　）

⑤サトウキビから 紙を 作《つく》る。（　）

2

□に 当《あ》てはまる かん字《じ》を 書《か》きましょう。

（1つ 5点《てん》）25点《てん》

①□《ば》車《しゃ》で けんちくの ざいりょうを はこぶ。

②ゾンビが いないのを 見《み》□《はか》らって 外《そと》に 出《で》る。

③三《さん》□《しょく》の ペンを つかう。

④家《いえ》の 中《なか》に 作《さ》ぎょう□《だい》を おく。

⑤ブタと ヒツジの 二《ふた》□《くみ》の 赤《あか》ちゃんを そだてる。

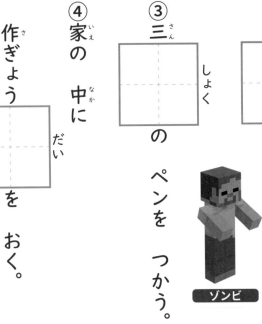

3

スティーブは　画数《かくすう》が　四画《よんかく》の　かん字《じ》の　食《た》べものを
かまどで　ちょう理《り》して　食《た》べました。何《なに》を
食《た》べたでしょうか。□に　かん字《じ》を　書《か》きましょう。

25点《てん》

スティーブの　ごはん

茶《ちゃ》　鳥《とり》　貝《かい》　牛《うし》　麦《むぎ》

□

4

アレックスは　画数《かくすう》が　十一画《じゅういっかく》の　かん字《じ》の　食《た》べものを
かまどで　ちょう理《り》して　食《た》べました。何《なに》を
食《た》べたでしょうか。□に　かん字《じ》を　書《か》きましょう。

25点《てん》

アレックスの　ごはん

茶《ちゃ》　米《こめ》　馬《うま》　草《くさ》　魚《さかな》

□

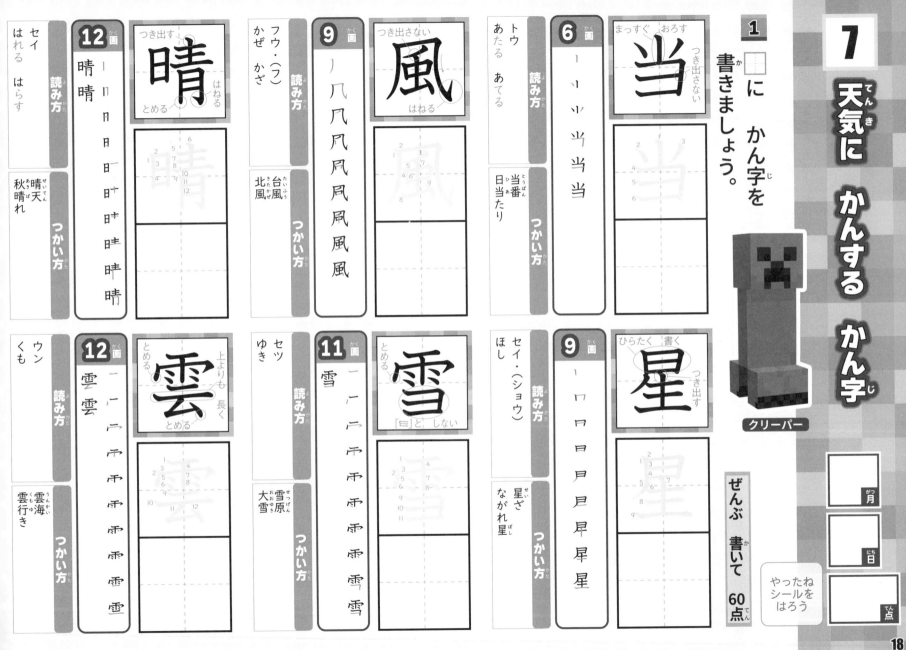

7 天気《てんき》に かんする かん字《じ》

1 □に かん字《じ》を 書《か》きましょう。

クリーパー

ぜんぶ 書《か》いて 60点《てん》

月《がつ》 日《にち》 点《てん》

やったね シールを はろう

当

まっすぐ おろす
つき出さない

6画《かく》

読《よ》み方《かた》
トウ
あたる あてる

つかい方《かた》
当番《とうばん》
日当《ひあ》たり

風

つき出さない
はねる

9画《かく》

読《よ》み方《かた》
フウ・(フ)
かぜ かざ

つかい方《かた》
台風《たいふう》
北風《きたかぜ》

晴

つき出す
はねる
とめる

12画《かく》

読《よ》み方《かた》
セイ
はれる はらす

つかい方《かた》
晴天《せいてん》
秋晴《あきば》れ

星

ひらたく 書く
つき出す

9画《かく》

読《よ》み方《かた》
セイ・(ショウ)
ほし

つかい方《かた》
星《せい》ざ
ながれ星《ぼし》

雪

とめる
「彐」と しない

11画《かく》

読《よ》み方《かた》
セツ
ゆき

つかい方《かた》
雪原《せつげん》
大雪《おおゆき》

雲

とめる
上よりも 長く
とめる

12画《かく》

読《よ》み方《かた》
ウン
くも

つかい方《かた》
雲海《うんかい》
雲行《くもゆ》き

2 ―の かん字《じ》の 読《よ》みがなを （　）に 書《か》きましょう。

20点《てん》（1つ 5点《てん》）

①へい原《げん》に ふる 雨《あめ》は 当分《ぶん》 やみそうに ない。
（　　）

②村人《むらびと》と りゅう星ぐんを かんさつする。
（　　）

③台《たい》風に そなえて まどを しっかり しめる。
（　　）

④タイガの 村《むら》に せき雪が 見《み》られた。
（　　）

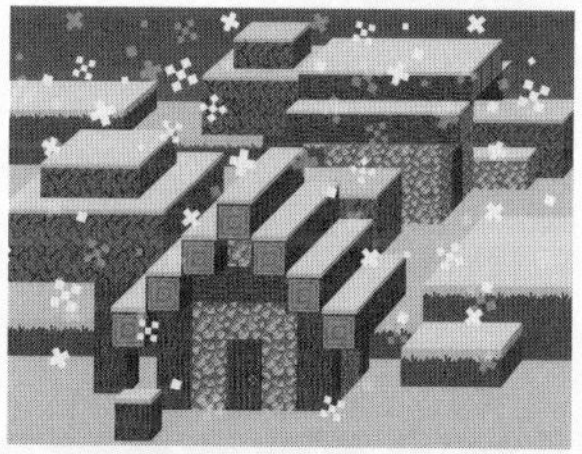

タイガの 村《むら》

3 □に 当《あ》てはまる かん字《じ》を 書《か》きましょう。

20点《てん》（1つ 5点《てん》）

①よく □《は》れた 日《ひ》は にわで 朝《あさ》ごはんを 食《た》べる。

②雨《あま》□《ぐも》が 近《ちか》づいて きたので はたけから 家《いえ》に 帰《かえ》る。

③さばくの 天《てん》気《き》よほうは □《あ》てに ならない。

④スノーゴーレムから □《ゆき》玉《だま》を 手《て》に 入《い》れる。

はたけ

スノーゴーレム

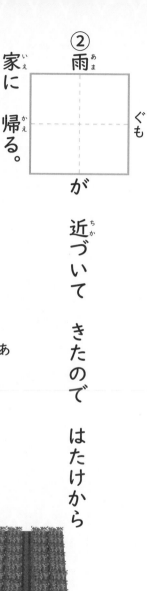

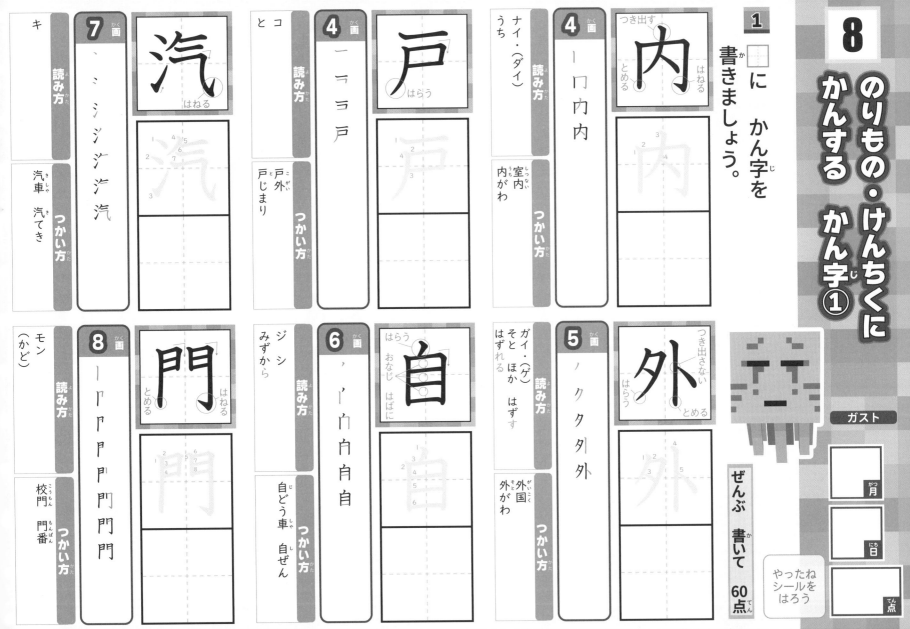

8 のりもの・けんちくにかんする かん字《じ》①

1 □に かん字《じ》を書《か》きましょう。

ガスト

月《がつ》	
日《にち》	
点《てん》	

やったね シールを はろう

ぜんぶ 書《か》いて 60点《てん》

内

4画《かく》

つき出す　とめる　はねる

読《よ》み方《かた》　ナイ・(ダイ)　うち

つかい方《かた》　室内《しつない》　内《うち》がわ

戸

4画《かく》

はらう

読《よ》み方《かた》　コ　と

つかい方《かた》　戸外《こがい》　戸《と》じまり

汽

7画《かく》

はねる

読《よ》み方《かた》　キ

つかい方《かた》　汽車《きしゃ》　汽《き》てき

外

5画《かく》

つき出さない　はらう　とめる

読《よ》み方《かた》　ガイ・(ゲ)　そと　ほか　はずす　はずれる

つかい方《かた》　外国《がいこく》　外《そと》がわ

自

6画《かく》

はらう　おなじ　はばに

読《よ》み方《かた》　ジ　シ　みずから

つかい方《かた》　自《じ》どう車《しゃ》　自《し》ぜん

門

8画《かく》

とめる　はねる

読《よ》み方《かた》　モン　(かど)

つかい方《かた》　校門《こうもん》　門番《もんばん》

2 ―の かん字《じ》の 読《よ》みがなを （　）に 書《か》きましょう。

（1つ5点《てん》）20点《てん》

① 海《かい》ていしんでんの 内ぶを たんさくする。（　）

② レンガを つかって 家《いえ》を 一《いっ》戸 たてる。（　）

③ 汽車《しゃ》に のって 村《むら》に 行《い》く。（　）

④ モンスターが 来《き》たので 家《いえ》の 門を しめる。（　）

レンガ

3 □に 当《あ》てはまる かん字《じ》を 書《か》きましょう。

（1つ5点《てん》）20点《てん》

① □《と》じまりを わすれずに 家《いえ》を 出《で》る。

② と石《いし》を つかって エンチャントを □《はず》す。

スティーブ

と石《いし》

③ □《みずか》らの 力《ちから》で エルダーガーディアンを たおす。

④ □《じ》どうで かいへいする □《もん》を 通《とお》る。

エルダーガーディアン

9 のりもの・けんちくにかんする かん字《じ》②

オウム

月《がつ》　日《にち》　点《てん》

やったね シールを はろう

ぜんぶ 書《か》いて 60点《てん》

1 □に かん字《じ》を 書《か》きましょう。

店　8 画《かく》
立てる　はらう
読《よ》み方《かた》：テン　みせ
つかい方《かた》：書店《しょてん》　夜店《よみせ》

船　11 画《かく》
あける　はねる
読《よ》み方《かた》：セン　ふね　ふな
つかい方《かた》：船長《せんちょう》　船《ふな》たび

園　13 画《かく》
長く　わすれない　とめる
読《よ》み方《かた》：エン　（その）
つかい方《かた》：どうぶつ園《えん》　ゆう園《えん》地《ち》

室　9 画《かく》
立てる　とめる　とめる
読《よ》み方《かた》：シツ　（むろ）
つかい方《かた》：教室《きょうしつ》　室内《しつない》

場　12 画《かく》
はねる
読《よ》み方《かた》：ジョウ　ば
つかい方《かた》：会場《かいじょう》　広場《ひろば》

電　13 画《かく》
はねる　つき出さない
読《よ》み方《かた》：デン
つかい方《かた》：電気《でんき》　電話《でんわ》

2 ―の かん字《じ》の 読《よ》みがなを （　）に 書《か》きましょう。

20点《てん》（1つ 5点《てん》）

① 地《ち》下《か》室に チェストを おく。
（　　）

② すなはまで なんぱ船を 見《み》つける。
（　　）

③ ぼく場で 牛《うし》の しいくを はじめる。
（　　）

④ 公《こう》園の ゆうぐで あそぶ。
（　　）

地《ち》下《か》室

3 □に 当《あ》てはまる かん字《じ》を 書《か》きましょう。

20点《てん》（1つ 5点《てん》）

① かみなりが おちて 村《むら》中《じゅう》が てい□《でん》 する。

② 肉《にく》やの 村《むら》人《びと》に かわって □《みせ》番《ばん》を する。

③ □《ふね》に のって イルカを 見《み》つける たびに 出《で》る。

イルカ

④ 地《ち》図《ず》で 今《いま》 いる □《ば》しょを かくにんする。

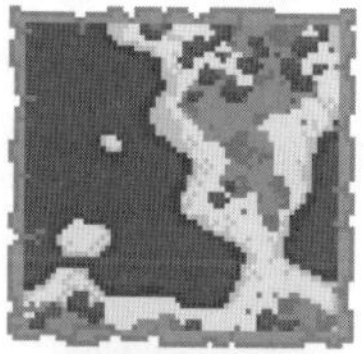

地《ち》図《ず》

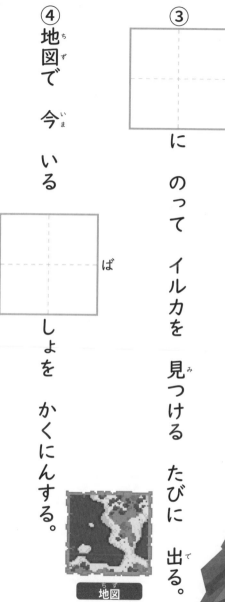

10 体《からだ》・気《き》もちにかんするかん字《じ》①

1 □にかん字《じ》を書《か》きましょう。

毛 4画《かく》

左下に　はねる　上より長く

ノ　二　三　毛

読《よ》み方《かた》
モウ
け

つかい方《かた》
毛《もう》ふ
かみの毛《け》

考 6画《かく》

左に　はらう　長くはらう　はねる

一　十　土　耂　耂　考

読《よ》み方《かた》
コウ
かんがえる

つかい方《かた》
さん考書《こうしょ》
考《かんが》えごと

言 7画《かく》

立てない　上より　みじかく

丶　亠　亠　亖　言　言　言

読《よ》み方《かた》
ゲン　ゴン
いう　こと

つかい方《かた》
はつ言《げん》
言《い》い方《かた》

心 4画《かく》

とめる　はねる

丶　心　心　心

読《よ》み方《かた》
シン
こころ

つかい方《かた》
中心《ちゅうしん》
心細《こころぼそ》い

声 7画《かく》

上より　みじかく　はらう

一　十　士　丰　声　声　声

読《よ》み方《かた》
セイ・(ショウ)
こえ・(こわ)

つかい方《かた》
音声《おんせい》
かけ声《ごえ》

体 7画《かく》

わすれない　とめる

ノ　亻　仁　什　休　休　体

読《よ》み方《かた》
タイ・(テイ)
からだ

つかい方《かた》
体《たい》そう
体《からだ》つき

シュルカー

ぜんぶ書《か》いて60点《てん》

月《がつ》　日《にち》　点《てん》

やったねシールをはろう

2 ―の かん字《じ》の 読《よ》みがなを（　）に 書《か》きましょう。

20点《てん》（1つ 5点《てん》）

①よう毛を 手《て》に 入《い》れる。

よう毛

②くらい 森《もり》の 中《ちゅう》心で 大《おお》きな ようかんを 見《み》つける。

③ウィッチは む言で ポーションを なげてくる。

④はねながら 体当《あ》たりして くる スライム。

スライム

3 □に 当《あ》てはまる かん字《じ》を 書《か》きましょう。

20点《てん》（1つ 5点《てん》）

①ホグリンの たおし方《かた》を □《かんが》える。

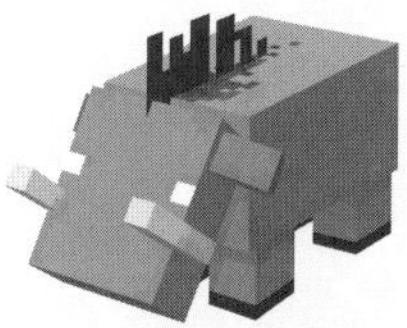

ホグリン

②ま夜《よ》中《なか》に ゾンビの うめき□《ごえ》が ひびきわたる。

ゾンビ

③くらやみで 会《あ》った ときの 合《あい》□《こと》ばを きめて おく。

④□《からだ》を まもるため てつの ぼうぐを みに つける。

スティーブ

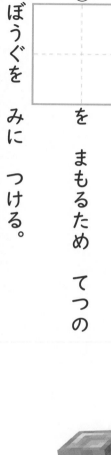

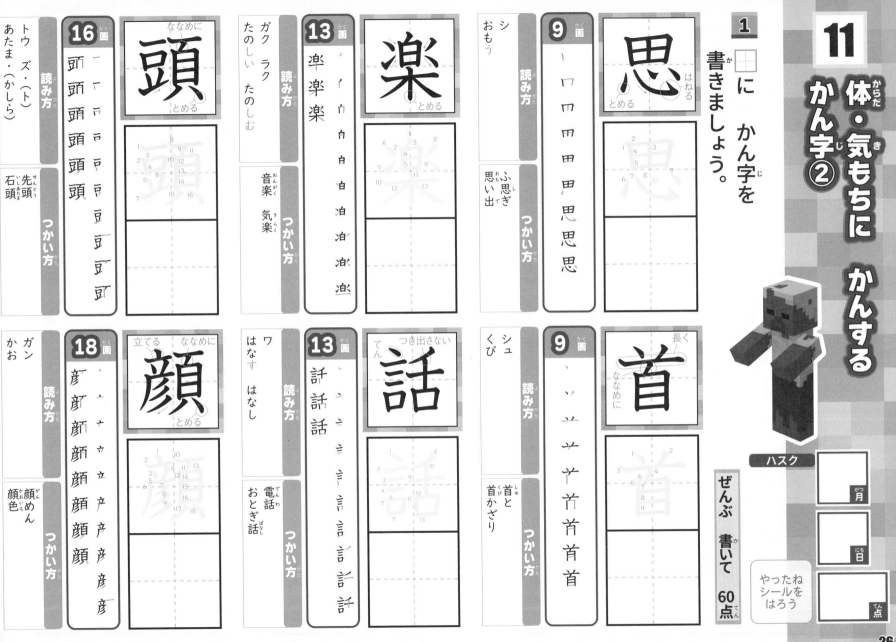

11 体《からだ》・気《き》もちに かんする かん字《じ》②

1 □に かん字《じ》を 書《か》きましょう。

思

はねる　とめる

9画《かく》

読《よ》み方《かた》

シ
おもう

つかい方《かた》

ふ思《し》ぎ
思《おも》い出《で》

楽

とめる

13画《かく》

読《よ》み方《かた》

ガク　ラク
たのしい　たのしむ

つかい方《かた》

音楽《おんがく》　気楽《きらく》

頭

ななめに　とめる

16画《かく》

読《よ》み方《かた》

トウ　ズ・(ト)
あたま・(かしら)

つかい方《かた》

先頭《せんとう》
石頭《いしあたま》

首

長く　ななめに

9画《かく》

読《よ》み方《かた》

シュ
くび

つかい方《かた》

首《しゅ》と
首《くび》かざり

話

てん　つき出さない

13画《かく》

読《よ》み方《かた》

ワ
はなす　はなし

つかい方《かた》

電話《でんわ》
おとぎ話《ばなし》

顔

立てる　ななめに　とめる

18画《かく》

読《よ》み方《かた》

ガン
かお

つかい方《かた》

顔《がん》めん
顔色《かおいろ》

ハスク

ぜんぶ 書《か》いて 60点《てん》

やったね シールを はろう

月《がつ》　日《にち》　点《てん》

2 ―の かん字《じ》の 読《よ》みがなを （　） に 書《か》きましょう。

20点《てん》（1つ 5点《てん》）

① さばくに 一日《いちにち》 雨《あめ》が ふると いう ふ思ぎな ことが おきた。（　　　）

② レコードを かけて 音《おん》楽を 聞《き》く。（　　　）

③ ウォーデンを たおした ことが 話だいに なる。（　　　）

④ 二《に》頭の 牛《うし》を さくの 中《なか》に 入《い》れる。（　　　）

ウォーデン

ウシ

3 □に 当《あ》てはまる かん字《じ》を 書《か》きましょう。

20点《てん》（1つ 5点《てん》）

① 何《なん》ども タイガの 村《むら》を おとずれて □《かお》見《み》知《し》りの 村《むら》人《びと》が ふえる。

② オオカミを 手《て》なずけて □《くび》わを つける。

③ きけんと となり合《あ》わせの サバイバル生《せい》活《かつ》を □《たの》しむ。

④ ひさしぶりに 会《あ》った 村《むら》人《びと》と □《はなし》が はずむ。

オオカミ

アレックス

村人《むらびと》

12 18～27ページのまとめのミニテスト

18～27ページで 学《がく》しゅうした かん字《じ》を おさらいしましょう。

スティーブ

月《がつ》	
日《にち》	
点《てん》	

やったね シールを はろう

1 ―の かん字《じ》の 読《よ》みがなを （　）に 書《か》きましょう。

（1つ 5点《てん》） 25点《てん》

① 高台《たかだい》に 上《のぼ》って ながれ星を 見《み》る。（　）

② 晴天《てん》の 日《ひ》が つづいて 今年《ことし》は 小麦《こむぎ》が ほう作《さく》だ。（　）

小麦《こむぎ》

③ ジャングルには 手《て》つかずの 自ぜんが たくさん ある。（　）

④ まどから 外を 見《み》たら ゾンビと 目《め》が 合《あ》った。（　）

⑤ しん室に おたからの 入《はい》った チェストを おく。（　）

チェスト

2 □に 当《あ》てはまる かん字《じ》を 書《か》きましょう。

（1つ 5点《てん》） 25点《てん》

① どうぶつ □《えん》 で パンダを 見《み》る。

② よう □《もう》 で 作《つく》った ベッド。

パンダ

③ □《かんが》 えごとを していたら ゾンビに おそわれた。

④ 音《おん》ぷブロックを つかって □《がっ》 きを えんそうする。

⑤ 古《こ》だいと市《し》を たんけんした ことは よい □《おも》 い出《で》だ。

3

スティーブとアレックスが　言《こと》ばカードで　あそんでいます。それぞれの　カードを　正《ただ》しい　言《こと》ばに　ならびかえて　かん字《じ》と　ひらがなを　つかって　□に書《か》きましょう。

50点《てん》（1つ　25点《てん》）

① ふでで　書《か》く　ことだよ。

ひ　も　ふ　つ

スティーブ

② 体《からだ》の　左《ひだり》の　むねに　ある　ものだよ。

う　ん　し　ぞ

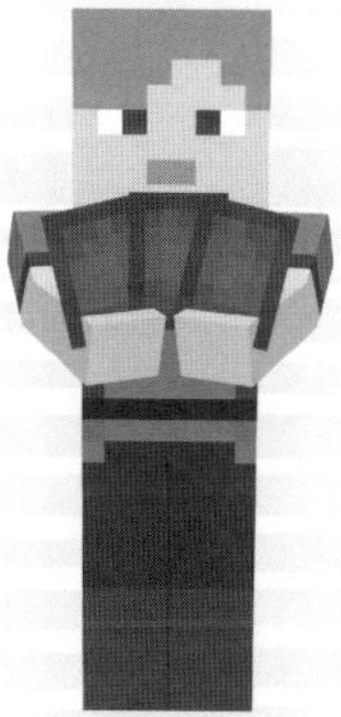

アレックス

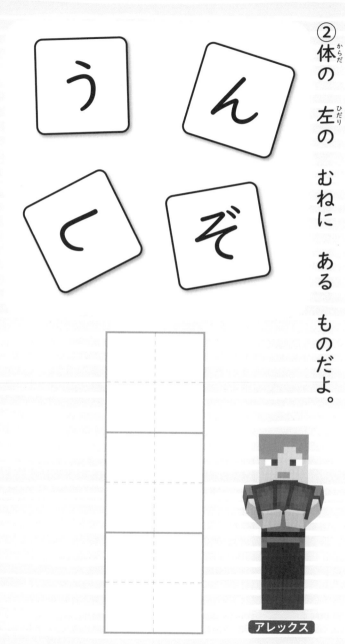

13 ていどに かんする かん字《じ》①

1 □に かん字《じ》を 書《か》きましょう。

少　4画《かく》

はねる
長《なが》く はらう

読《よ》み方《かた》
ショウ
すくない　すこし

つかい方《かた》
少年《しょうねん》
のこり少《すく》ない

新　13画《かく》

立てる
とめる

読《よ》み方《かた》
シン
あたらしい　あらた　にい

つかい方《かた》
新《しん》作《さく》
新《あたら》しい本《ほん》

前　9画《かく》

とめる
とめる
はねる

読《よ》み方《かた》
ゼン
まえ

つかい方《かた》
午《ご》前《ぜん》
名《な》前《まえ》

多　6画《かく》

はらう

読《よ》み方《かた》
タ
おおい

つかい方《かた》
多《た》数《すう》
おそれ多《おお》い

古　5画《かく》

長く
つける

読《よ》み方《かた》
コ
ふるい　ふるす

つかい方《かた》
古《こ》だい
古《ふる》ぎ

後　9画《かく》

とめる
はらう

読《よ》み方《かた》
ゴ　コウ
のち　うしろ　あと・
（おくれる）

つかい方《かた》
午《ご》後《ご》
後《あと》あじ

エンダーマン

ぜんぶ 書《か》いて 60点《てん》

やったね シールを はろう

月《がつ》　日《にち》　点《てん》

2 ―の かん字《じ》の 読《よ》みがなを （　）に 書《か》きましょう。

20点《てん》（1つ 5点《てん》）

① 少りょうの スライムボールを 手《て》に 入《い》れる。
（　　）

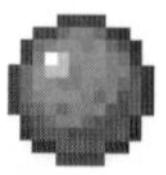
スライムボール

② 多りょうの イカスミを あつめる。
（　　）

③ 村《むら》の 高台《たかだい》に 新きょを けんちくする。
（　　）

④ 古だいと市《し》で おたから チェストを さがす。
（　　）

3 □に 当《あ》てはまる かん字《じ》を 書《か》きましょう。

20点《てん》（1つ 5点《てん》）

① 目《め》の □《まえ》で クリーパーが ばくはつした。

② 村人《むらびと》ゾンビに □《うし》ろから こうげきされる。

③ □《すく》ない アイテムで 家《いえ》を たてる。

④ ボートに のって □《あたら》しい 村《むら》を さがしに 行《い》く。

村人《むらびと》ゾンビ

クリーパー

スティーブ

14 ていどに かんする かん字《じ》②

1 □に かん字《じ》を書《か》きましょう。

広（5 画《かく》）

立てる　とめる　はらう

読《よ》み方《かた》
コウ　ひろい　ひろまる　ひろめる　ひろがる　ひろげる

つかい方《かた》
広大《こうだい》　広場《ひろば》

強（11 画《かく》）

つける　はねる　とめる

読《よ》み方《かた》
キョウ・(ゴウ)　つよい　つよまる　つよめる・(しいる)

つかい方《かた》
べん強《きょう》　強火《つよび》

近（7 画《かく》）

つき出さない　一画で書く　とめる

読《よ》み方《かた》
キン　ちかい

つかい方《かた》
近じょ　近道《ちかみち》

高（10 画《かく》）

立てる　とめる　はねる

読《よ》み方《かた》
コウ　たかい　たか　たかまる　たかめる

つかい方《かた》
高原《こうげん》　高台《たかだい》

弱（10 画《かく》）

むきに ちゅうい　はねる

読《よ》み方《かた》
ジャク　よわい　よわる　よわまる　よわめる

つかい方《かた》
弱点《じゃくてん》　弱虫《よわむし》

遠（13 画《かく》）

一画で書く　とめる

読《よ》み方《かた》
エン・(オン)　とおい

つかい方《かた》
遠足《えんそく》　遠出《とおで》

ストレイ

月《がつ》　日《にち》

ぜんぶ 書《か》いて 60点《てん》

やったね シールを はろう

点《てん》

2 ―の かん字《じ》の 読《よ》みがなを （　）に 書《か》きましょう。

（20点《てん》 1つ 5点《てん》）

① 広大《だい》な しまを すみずみまで たんけんする。（　　）

② エンダードラゴンの 弱点《てん》を さがす。（　　）

③ 近じょに 大《おお》きな どうくつを 見《み》つける。（　　）

④ さくらバイオームへ 遠足《そく》に 行《い》く。（　　）

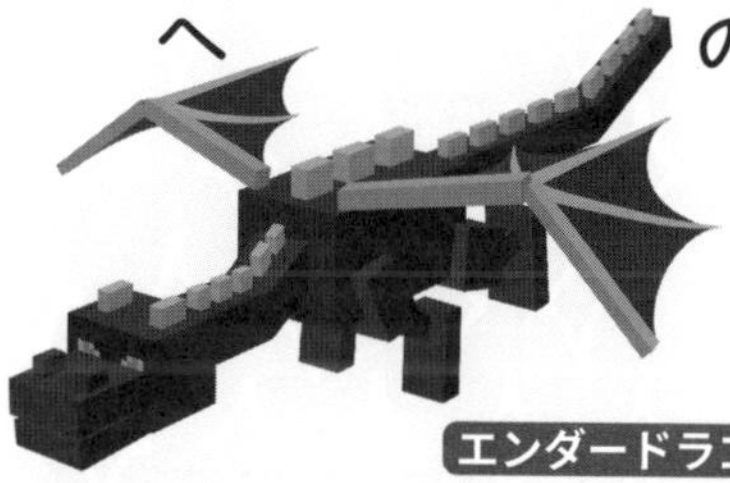

エンダードラゴン

3 □に 当《あ》てはまる かん字《じ》を 書《か》きましょう。

（20点《てん》 1つ 5点《てん》）

① ブロックを □《たか》く つみ上《あ》げて 目《め》じるしに する。

② ダイヤモンドの そうびで □《つよ》い ウィザーと たたかう。

スティーブ

③ 魚《さかな》を つっていると ウミガメが □《ちか》づいて 来《き》た。

④ □《とお》くに 見《み》える 村《むら》を 目《め》ざして すすむ。

ウミガメ

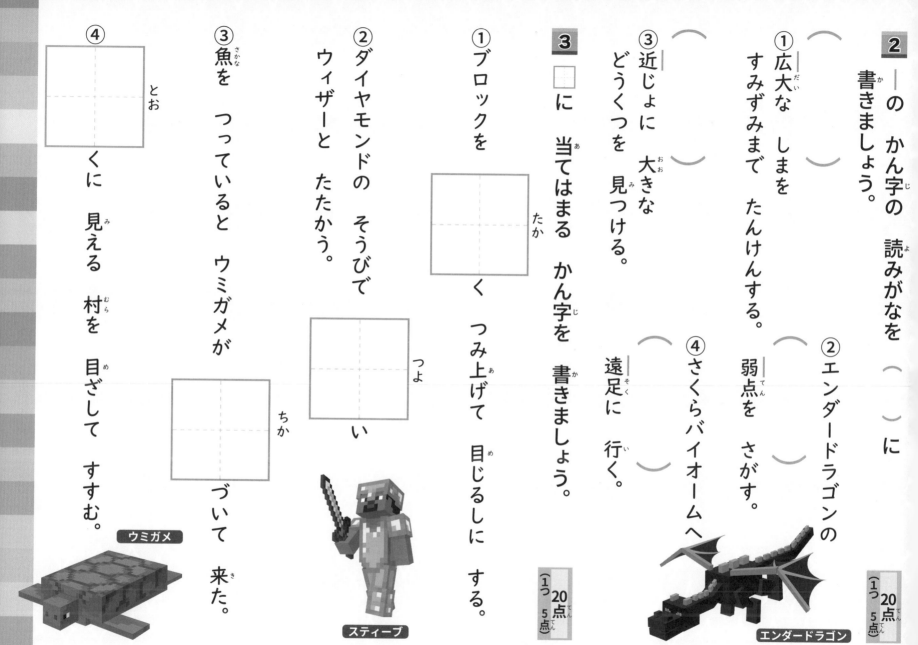

15 町《まち》と方角《ほうがく》にかんするかん字《じ》①

1 □に かん字《じ》を書《か》きましょう。

東
つき出す　はらう　とめる
8 画《かく》
読《よ》み方《かた》：トウ／ひがし
つかい方《かた》：東京《とうきょう》　東《ひがし》日《に》本《ほん》

南
つき出さない　はねる
9 画《かく》
読《よ》み方《かた》：ナン・(ナ)／みなみ
つかい方《かた》：南国《なんごく》　南《みなみ》むき

池
長めに　はねる
6 画《かく》
読《よ》み方《かた》：チ／いけ
つかい方《かた》：電池《でんち》　ため池《いけ》

西
つき出さない　はらう
6 画《かく》
読《よ》み方《かた》：セイ　サイ／にし
つかい方《かた》：西《せい》よう　西《にし》日《に》本《ほん》

北
つき出さない　はねる
5 画《かく》
読《よ》み方《かた》：ホク／きた
つかい方《かた》：北上《ほくじょう》　北国《きたぐに》

寺
いちばん長く　はねる
6 画《かく》
読《よ》み方《かた》：ジ／てら
つかい方《かた》：寺《じ》いん　山寺《やまでら》

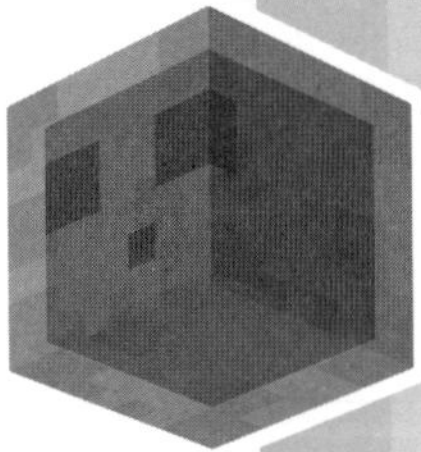

スライム

ぜんぶ書《か》いて60点《てん》

やったねシールをはろう

月《がつ》　日《にち》　点《てん》

2 ―の かん字《じ》の 読《よ》みがなを （　）に 書《か》きましょう。

20点《てん》（1つ 5点《てん》）

①村《むら》の 東ぶに ある 大《おお》きな ぼく場《じょう》を たずねる。（　）

②南北に 走《はし》る レールを トロッコで すすむ。（　）

③はたけの ちょ水《すい》池に 水《みず》を 入《い》れる。（　）

④ジャングルの 寺いんで おたからを 見《み》つける。（　）

アレックス

3 □に 当《あ》てはまる かん字《じ》を 書《か》きましょう。

20点《てん》（1つ 5点《てん》）

①ひまわりが □《ひがし》の 方《ほう》を むいて さいて いる。

②□《にし》に しずむ 太《たい》ようを 見《み》ながら いそいで 家《いえ》に 帰《かえ》る。

③雪原《せつげん》バイオームに □《きた》国《ぐに》の ような 雪《ゆき》が ふる。

④にわの □《いけ》で ねったい魚《ぎょ》を かう。

夕日《ゆうひ》

ねったい魚《ぎょ》

16 町《まち》と 方角《ほうがく》に かんする かん字《じ》②

1 □に かん字《じ》を 書《か》きましょう。

アイアンゴーレム

月《がつ》 日《にち》 点《てん》

やったね シールを はろう

ぜんぶ 書《か》いて 60点《てん》

公 4画《かく》

あける　とめる

ノ 八 公 公

読《よ》み方《かた》: コウ (おおやけ)

つかい方《かた》: 公園《こうえん》　しゅ人公《じんこう》

市 5画《かく》

立てる　はねる　とめる

丶 亠 亠 市 市

読《よ》み方《かた》: シ　いち

つかい方《かた》: 市長《しちょう》　市場《いちば》

京 8画《かく》

立てる　とめる　はねる

丶 亠 亠 古 古 亨 亨 京

読《よ》み方《かた》: キョウ・(ケイ)

つかい方《かた》: 上京《じょうきょう》　京《きょう》と

方 4画《かく》

はらう　はねる

丶 亠 亢 方

読《よ》み方《かた》: ホウ　かた

つかい方《かた》: 方角《ほうがく》　見方《みかた》

里 7画《かく》

つき出さない　上より 長く

丨 口 日 日 甲 甲 里

読《よ》み方《かた》: リ　さと

つかい方《かた》: きょう里《り》　里山《さとやま》

道 12画《かく》

一画で 書く　長めに

丶 丷 䒑 䒑 䒑 首 首 首 首 首 道 道

読《よ》み方《かた》: ドウ・(トウ)　みち

つかい方《かた》: 道《どう》ろ　さか道《みち》

2 ―の かん字の 読《よ》みがなを （　）に 書《か》きましょう。

20点《てん》（1つ 5点《てん》）

① 海《うみ》の 見《み》える おかの 公園《えん》で あそぶ。（　）

アレックス

② まち合《あ》わせとは はんたいの 方こうに すすむ。（　）

③ 古《こ》だいと市を さがす たびに 出《で》る。（　）

④ 東《とう》京タワーのような 大《おお》きな タワーを けんちくする。（　）

3 □に 当《あ》てはまる かん字《じ》を 書《か》きましょう。

20点《てん》（1つ 5点《てん》）

① □《さと》山《やま》の くらしを 楽《たの》しむ。

② たいまつを なくして どうくつで □《みち》に まよう。

スティーブ

たいまつ

③ ネザーに 行《い》くために ネザーゲートの 作《つく》り□《かた》を しらべる。

④ はたけで しゅうかくした じゃがいもを □《いち》場《ば》で 売《う》る。

じゃがいも

17 30〜37ページのまとめのミニテスト

30〜37ページで 学《がく》しゅうした かん字《じ》を おさらいしましょう。

アレックス

月《がつ》　日《にち》　点《てん》

やったねシールをはろう

1 ―の かん字《じ》の 読《よ》みがなを （　）に 書《か》きましょう。

（1つ5点《てん》）25点《てん》

① 馬《うま》に 名《な》前を つける。（　　）

② ヒツジが ふえたので ぼく場《じょう》を 広げる。（　　）

③ 南むきの 家《いえ》を たてる。（　　）

④ サバイバル生活《せいかつ》を おえて 里帰《がえ》りする。（　　）

⑤ はい後から ガストの ぶ気《き》みな 声《こえ》が 聞《き》こえる。（　　）

ヒツジ

ガスト

2 □に 当《あ》てはまる かん字《じ》を 書《か》きましょう。

（1つ5点《てん》）25点《てん》

① 水《みず》を つかって □（たか）い ところから おりる。

② ウィッチが 古《ふる》い □（てら）に にげこんだ。

③ 村人《むらびと》と □（いけ）へ 行《い》く。

④ 雨《あめ》が □（つよ）く なって きたので 地下《ちか》に もぐる。

⑤ □（どう）ぐの 中《なか》で ツルハシを よく つかう。

ツルハシ

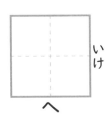

3 六回《ろっかい》で 書《か》く かん字《じ》を すべて 見《み》つけて （　）に ○を つけましょう。

スティーブ

近（　）　少（　）　池（　）

多（　）　寺（　）

西（　）　南（　）　公（　）

50点《てん》

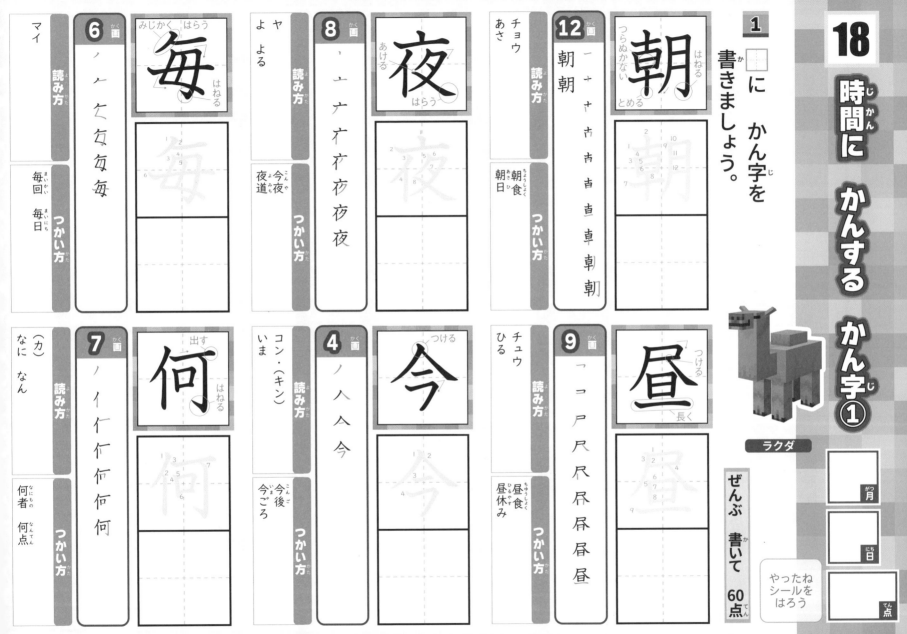

18 時間《じかん》に かんする かん字《じ》①

1 □に かん字《じ》を書《か》きましょう。

ラクダ

ぜんぶ書《か》いて60点《てん》

月《がつ》 日《にち》 点《てん》

やったねシールをはろう

朝 12画《かく》

つらぬかない はねる とめる

読《よ》み方《かた》：チョウ　あさ

つかい方《かた》：朝食《ちょうしょく》　朝日《あさひ》

夜 8画《かく》

あける はらう

読《よ》み方《かた》：ヤ　よ　よる

つかい方《かた》：今夜《こんや》　夜道《よみち》

毎 6画《かく》

みじかく はらう はねる

読《よ》み方《かた》：マイ

つかい方《かた》：毎回《まいかい》　毎日《まいにち》

昼 9画《かく》

つける 長く

読《よ》み方《かた》：チュウ　ひる

つかい方《かた》：昼食《ちゅうしょく》　昼休《ひるやす》み

今 4画《かく》

つける

読《よ》み方《かた》：コン・(キン)　いま

つかい方《かた》：今後《こんご》　今《いま》ごろ

何 7画《かく》

出す はねる

読《よ》み方《かた》：(カ)　なに　なん

つかい方《かた》：何者《なにもの》　何点《なんてん》

2　―の かん字《じ》の 読《よ》みがなを （　） に 書《か》きましょう。

20点《てん》（1つ 5点《てん》）

①（　　　）
早《そう》朝から　ボートで　つりを　する。

アレックス

②（　　　）
昼食《しょく》に　キノコシチューを　食《た》べる。

③（　　　）
ゾンビに　おそわれない　ように　夜明《あ》けを　まつ。

④（　　　）
ラクダの　せ中《なか》に　何ども　のる。

ラクダ

3　□に 当《あ》てはまる かん字《じ》を 書《か》きましょう。

20点《てん》（1つ 5点《てん》）

① 明日《あす》の　□《いま》　ごろは　ネザーに　いるだろう。

② □《まい》日《にち》　すなはまで　大《たい》りょうの　すなを　手《て》に　入《い》れる。

③ □《ひる》間《ま》に　ニンジンを　しゅうかくする。

アレックス

④ ぼうけんでは　□《なに》ごとも　あきらめない　ことが　大切《たいせつ》だ。

スティーブ

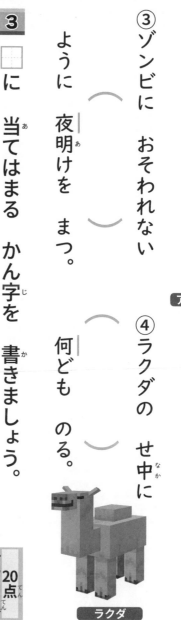

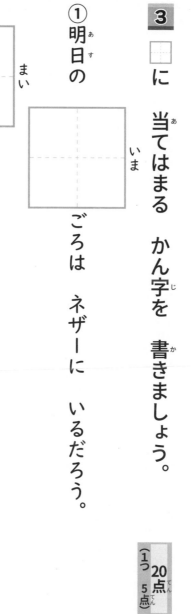

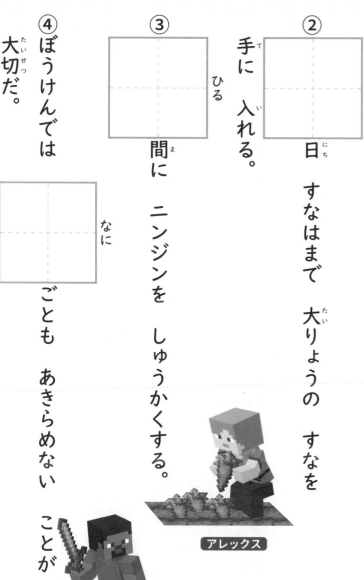

19 時間《じかん》に かんする かん字《じ》②

1 □に かん字《じ》を 書《か》きましょう。

ドラウンド

ぜんぶ 書《か》いて 60点《てん》

やったね シールを はろう

月《がつ》 日《にち》 点《てん》

時

10画《かく》

はねる　てん

読《よ》み方《かた》：ジ　とき

つかい方《かた》：日時《にちじ》　時《とき》おり

週

11画《かく》

一画で書く　はねる

読《よ》み方《かた》：シュウ

つかい方《かた》：今週《こんしゅう》　来週《らいしゅう》

曜

18画《かく》

わすれない　みじかく はらう

読《よ》み方《かた》：ヨウ

つかい方《かた》：土曜日《どようび》　何曜日《なんようび》

分

4画《かく》

あける　つき出さない　はねる

読《よ》み方《かた》：ブン　フン　ブ　わける　わかれる　わかる　わかつ

つかい方《かた》：一分《いっぷん》　分《わ》け前《まえ》

間

12画《かく》

とめる　はねる

読《よ》み方《かた》：カン　ケン　あいだ　ま

つかい方《かた》：時間《じかん》　合《あ》い間《ま》

午

4画《かく》

つき出さない　長く

読《よ》み方《かた》：ゴ

つかい方《かた》：午前《ごぜん》　午後《ごご》

2 ―の かん字《じ》の 読《よ》みがなを （　）に 書《か》きましょう。

（1つ 5点《てん》）20点《てん》

① 村《むら》が ないか 時間を かけて さがす。（　　）

② 今《こん》週は ネザーを たんけんするつもりだ。（　　）

③ ピグリンの とりでを 見《み》つけたのは 月《げつ》曜日《び》だった。（　　）

ピグリン

④ 午後《ご》 三《さん》時《じ》に おやつの クッキーを 食《た》べる。（　　）

クッキー

3 □に 当《あ》てはまる かん字《じ》を 書《か》きましょう。

（1つ 5点《てん》）20点《てん》

① □《とき》おり ケーキを 作《つく》る。

アレックス

ケーキ

② どうくつの □《わ》かれ道《みち》で どちらに すすもうか まよう。

③ 黒《こく》□《よう》石《せき》を 十《じっ》こ あつめて ネザーゲートを 作《つく》る。

ネザーゲート

④ なか□《ま》と 力《ちから》を 合《あ》わせて モンスターと たたかう。

黒《こく》よう石《せき》

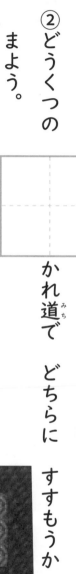

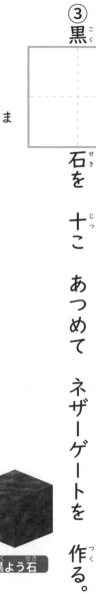

20 どう作《さ》に かんする かん字《じ》①

1 □に かん字《じ》を 書《か》きましょう。

切 4画《かく》
つき出さない
つき出す
まげる
はねる
一 七 切 切
読《よ》み方《かた》：セツ・（サイ） きる きれる
つかい方《かた》：親切《しんせつ》 切手《きって》

行 6画《かく》
長く
はねる
とめる
ノ ク 彳 彳 行 行
読《よ》み方《かた》：コウ ギョウ・（アン） いく ゆく おこなう
つかい方《かた》：ひ行《こう》き 行《い》き方《かた》

走 7画《かく》
つける
はらう
一 十 土 キ 丰 走 走
読《よ》み方《かた》：ソウ はしる
つかい方《かた》：きょう走《そう》 走《はし》り書《が》き

止 4画《かく》
長く
みじかく
丨 ト ト 止
読《よ》み方《かた》：シ とまる とめる
つかい方《かた》：中止《ちゅうし》 行《い》き止《ど》まり

来 7画《かく》
上より長く
とめる
一 一 丆 立 平 来 来
読《よ》み方《かた》：ライ くる・（きたる）・（きたす）
つかい方《かた》：来月《らいげつ》 来年《らいねん》

歩 8画《かく》
つける
とめる
はねる
丨 ト 止 止 步 步 歩 歩
読《よ》み方《かた》：ホ・（ブ）・（フ） あるく あゆむ
つかい方《かた》：さん歩《ぽ》 歩《あゆ》み

スケルトン

ぜんぶ 書《か》いて 60点《てん》

やったね シールを はろう

月《がつ》 日《にち》 点《てん》

2 ―の かん字《じ》の 読《よ》みがなを （　）に 書《か》きましょう。

20点《てん》（1つ 5点《てん》）

① 親《しん》切な 村人《むらびと》と たくさん とり引《ひ》きする。（　）

② 大雨《おおあめ》に なったので ぼうけんを 中《ちゅう》止する。（　）

③ 来年《ねん》こそ ジ・エンドを ぼうけんするつもりだ。（　）

④ トロッコが こわれたので と歩で すすむ。（　）

村人《むらびと》

トロッコ

3 □に 当《あ》てはまる かん字《じ》を 書《か》きましょう。

20点《てん》（1つ 5点《てん》）

① ハスクが あらわれたので □《はし》って にげた。

② 地下《ちか》の □《い》き□《ど》まりを ツルハシで ほる。

③ りゃくだつ者《しゃ》が つれて □《き》た ラヴェジャーから こうげきを うける。

④ □《き》れあじが よい ダイヤモンドの けんで モンスターを す早《ばや》く たおす。

ハスク

ラヴェジャー

アレックス

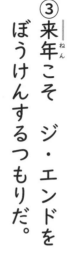

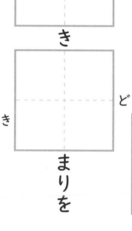

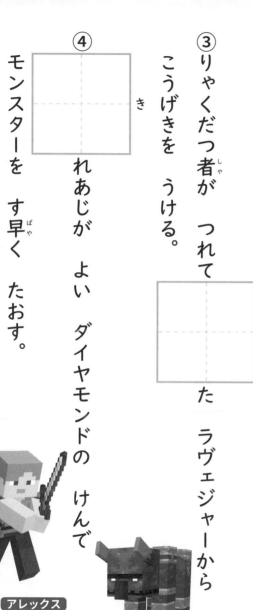

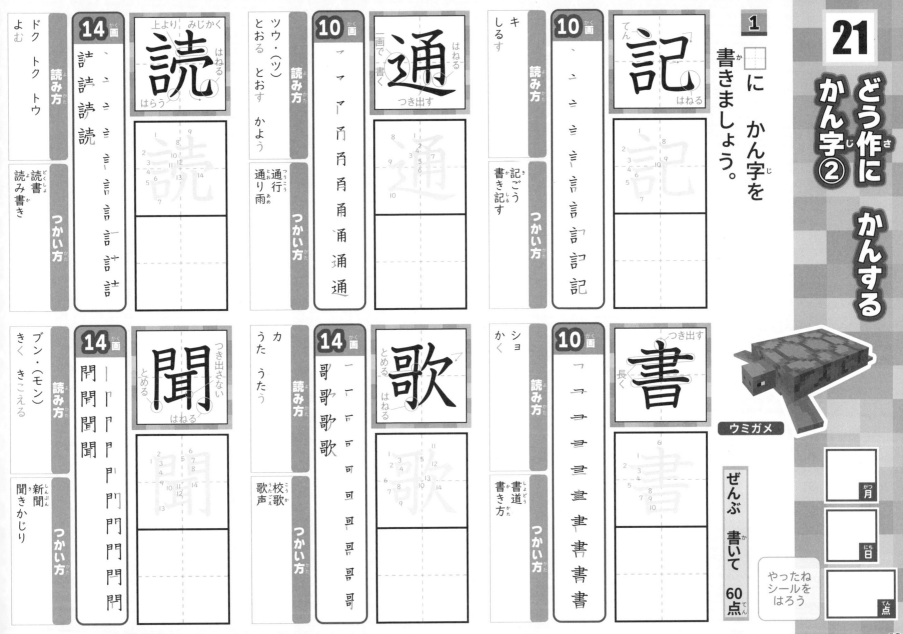

21 どう作《さ》にかんするかん字《じ》②

1 □にかん字《じ》を書《か》きましょう。

記

てん　はねる

10画《かく》

読《よ》み方《かた》：キ　しるす

つかい方《かた》：記《き》ごう　書《か》き記《しる》す

通

一画で書く　はねる　つき出す

10画《かく》

読《よ》み方《かた》：ツウ・(ツ)　とおる　とおす　かよう

つかい方《かた》：通行《つうこう》　通《とお》り雨《あめ》

読

上より　みじかく　はねる　はらう

14画《かく》

読《よ》み方《かた》：ドク　トク　トウ　よむ

つかい方《かた》：読書《どくしょ》　読《よ》み書《か》き

書

つき出す　長く

10画《かく》

読《よ》み方《かた》：ショ　かく

つかい方《かた》：書道《しょどう》　書《か》き方《かた》

歌

とめる　はねる

14画《かく》

読《よ》み方《かた》：カ　うた　うたう

つかい方《かた》：校歌《こうか》　歌声《うたごえ》

聞

つき出さない　とめる　はねる

14画《かく》

読《よ》み方《かた》：ブン・(モン)　きく　きこえる

つかい方《かた》：新聞《しんぶん》　聞《き》きかじり

ウミガメ

ぜんぶ書《か》いて60点《てん》

月《がつ》　日《にち》　点《てん》

やったねシールをはろう

2 ―の かん字《じ》の 読《よ》みがなを （　）に 書《か》きましょう。

20点《てん》（1つ5点《てん》）

①ビートルートの せい長《ちょう》を 毎日《まいにち》 記ろくする。（　　）

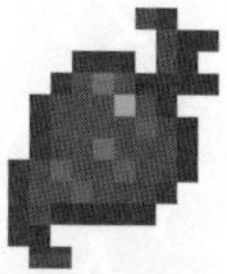
ビートルート

②たくさんの 書もつを 読《よ》む。（　　）

③大木《たいぼく》が たおれたので 道《みち》を 通行《こう》止《ど》めに した。（　　）

④読書の 秋《あき》に たくさんの 本《ほん》を 買《か》う。（　　）

本《ほん》

3 □に 当《あ》てはまる かん字《じ》を 書《か》きましょう。

20点《てん》（1つ5点《てん》）

①オウムの 鳴《な》き声《ごえ》に 合《あ》わせて はな□《うた》を □《うた》う スティーブ。

オウム
スティーブ

②ブロックを つみ上《あ》げる 方《ほう》ほうを □《き》く。

③スティーブが アレックスへ 手紙《てがみ》を □《か》く。

アレックス

④□《とお》った 道《みち》の 目《め》じるしに たいまつを おく。

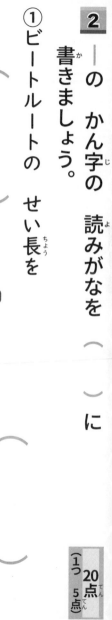

22 40～47ページの まとめの ミニテスト

40～47ページで 学《がく》しゅうした かん字《じ》を おさらいしましょう。

1

―の かん字《じ》の 読《よ》みがなを （　）に 書《か》きましょう。

25点《てん》（1つ 5点《てん》）

① 朝ごはんに パンを 食《た》べる。（　　　）

パン

② 毎回《かい》 ちがう てきと たたかう。（　　　）

③ ぼうけんの 合《あい》間に 家《いえ》の しゅう理《り》を 行《おこな》う。（　　　）

④ 十《じっ》分ごとに かまどの 火《ひ》を 見《み》る。（　　　）

かまど

⑤ 村人《むらびと》の 店《みせ》に できた 行れつに ならぶ。（　　　）

2

□に 当《あ》てはまる かん字《じ》を 書《か》きましょう。

25点《てん》（1つ 5点《てん》）

① サバンナの 村《むら》まで □《ある》いて いく。

② トロッコの きょりが 一万《いちまん》キロを □《そう》行《こう》 こえた。

スティーブ

③ じ□《しょ》を つかって あんごう文《ぶん》を 作《つく》る。

④ 古《こ》だいと市《し》に ついて □《しる》された 本《ほん》を 買《か》う。

⑤ アレックスから □《わ》け前《まえ》を もらう。

アレックス

月《がつ》　日《にち》　点《てん》

やったね シールを はろう

3 ヴィンディケーターが　オノで　かん字《じ》の　一《いち》ぶを　切《き》りとって　しまいました。□に　正《ただ》しい　かん字《じ》を　書《か》きましょう。

（1つ10点《てん》）50点《てん》

元《もと》の　かん字《じ》が　わかるかな？

ヴィンディケーター

あさ

①

ひる

②

よる

③

なに

④

うた

⑤

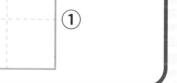

23 形《かたち》にかんするかん字《じ》①

1 □に かん字《じ》を書《か》きましょう。

丸

3 画《かく》

はねる　はらう

ノ　九　丸

読《よ》み方《かた》
ガン
まる　まるい　まるめる

つかい方《かた》
一丸《いちがん》
丸太《まるた》

太

4 画《かく》

はらう　わすれない

一　ナ　大　太

読《よ》み方《かた》
タイ　タ
ふとい　ふとる

つかい方《かた》
太《たい》よう
太字《ふとじ》

形

7 画《かく》

上より長く　はらう

一　二　干　开　开　形　形

読《よ》み方《かた》
ケイ　ギョウ
かた　かたち

つかい方《かた》
図形《ずけい》
花《はな》の 形《かたち》

角

7 画《かく》

はねる　つき出さない

ノ　ク　ク　角　角　角　角

読《よ》み方《かた》
カク
かど　つの

つかい方《かた》
三角《さんかく》
四《よ》つ角《かど》

細

11 画《かく》

とめる

細

読《よ》み方《かた》
サイ
ほそい　ほそる
こまか　こまかい

つかい方《かた》
細工《さいく》
細長《ほそなが》い

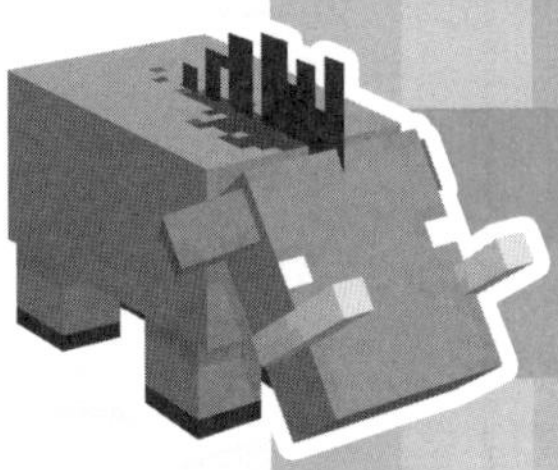

ホグリン

ぜんぶ 書《か》いて 60点《てん》

やったね シールを はろう

月《がつ》　日《にち》　点《てん》

「太《たい》」は「大《だい》」と書《か》き間《ま》ちがえないようにしよう！

スティーブ

さあ つぎのページへすすむよ！

アレックス

2 ―の かん字《じ》の 読《よ》みがなを （　） に 書《か》きましょう。

20点《てん》（1つ 5点《てん》）

①三《さん》角やねの 家《いえ》が ならぶ 村《むら》を 見《み》つけた。（　　）

②太ようを 目《め》じるしに 森《もり》の 中《なか》を すすむ。（　　）

③つりざおを 細工《く》して たくさんの 魚《さかな》を つる。（　　）

つりざお

④見《み》たことがない 図《ず》形を ほる 石工《いしく》の 村人《むらびと》。（　　）

※石工《いしく》：石《いし》を切《き》りだし、きざんで細《こま》かいものを作《つく》る人《ひと》。

3 □に 当《あ》てはまる かん字《じ》を 書《か》きましょう。

20点《てん》（1つ 5点《てん》）

①ストーンカッターで 石《いし》の □《かたち》 を かえる。

②とつぜん 目《め》の 前《まえ》に たくさんの ヤギが あらわれて 目《め》を □《まる》 くする。

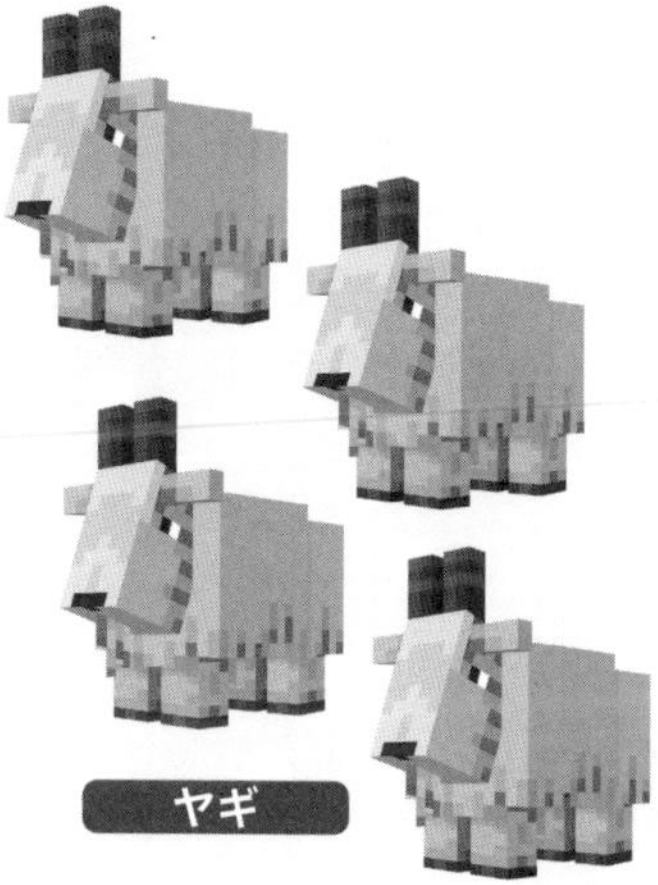
ヤギ

③へやの □《かど》 の 地下《ちか》に つづく かいだんを 下《お》りる。

④竹《たけ》が せい長《ちょう》して □《ふと》 く なる。

竹《たけ》

24 形《かたち》に かんする かん字《じ》②

エンダーマイト

ぜんぶ 書《か》いて 60点《てん》

月《がつ》 日《にち》 点《てん》

やったね
シールを
はろう

1 □に かん字《じ》を 書《か》きましょう。

同 6画《かく》 はねる とめる

読《よ》み方《かた》：ドウ おなじ

つかい方《かた》：同時《どうじ》 同《おな》い年《どし》

長 8画《かく》 長く はらう 大きく はねる

読《よ》み方《かた》：チョウ ながい

つかい方《かた》：校長《こうちょう》 長《なが》生《い》き

直 8画《かく》 つける

読《よ》み方《かた》：チョク ジキ ただちに なおす なおる

つかい方《かた》：直線《ちょくせん》 直《なお》す

点 9画《かく》 ななめ 左下に

読《よ》み方《かた》：テン

つかい方《かた》：点数《てんすう》 まん点《てん》

線 15画《かく》 はらう とめる

読《よ》み方《かた》：セン

つかい方《かた》：きょく線《せん》 線《せん》ろ

「点《てん》」の 下《した》の 四《よっ》つの 「灬」は 左《ひだり》の 「丶」だけ むきが ちがうよ。

さあ どんどん すすもう！

スティーブ

アレックス

2 ｜の かん字《じ》の 読《よ》みがなを （　）に 書《か》きましょう。

20点《てん》（1つ 5点《てん》）

① ヒツジと 同数《すう》の 小麦《こむ》《ぎ》を 手《て》に 入《い》れる。（　　）

② 長方《ほう》形《けい》の はたけで ニンジンを そだてる。（　　）

ヒツジ

小麦《こむぎ》

③ つき当《あ》たりを 右《みぎ》に 直角《かく》に まがると 海《うみ》が 見《み》える。（　　）

④ エンダードラゴンが 上空《じょうくう》で 点となって きえた。（　　）

3 □に 当《あ》てはまる かん字《じ》を 書《か》きましょう。

20点《てん》（1つ 5点《てん》）

① 村《むら》の きょうかい□《せん》を さくで かこむ。

② スイカを □《おな》じ 形《かたち》に 切《き》る。

③ ゾンビに おそわれないように 地下《ちか》に もぐって □《なが》い 夜《よる》を すごす。

④ 日《ひ》が くれたので □《ただ》ちに ベッドに 入《はい》る。

スイカ

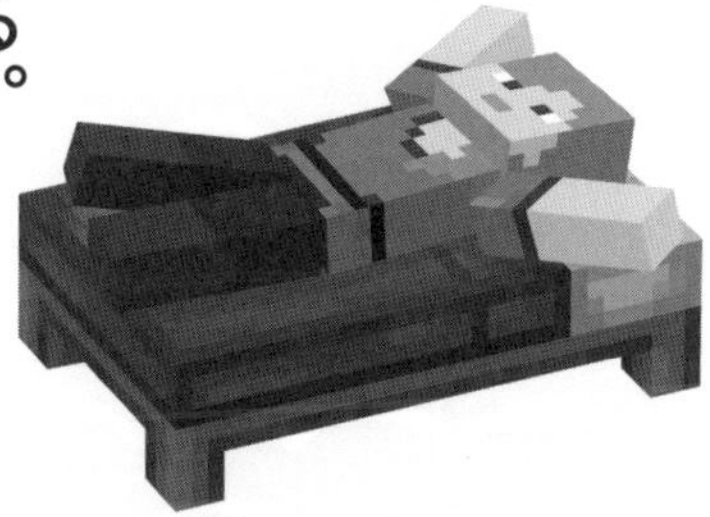

アレックス

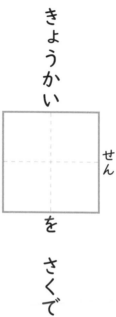

25 きせつ・バイオームにかんするかん字《じ》①

スケルトンホース

月《がつ》

日《にち》

点《てん》

やったね
シールを
はろう

ぜんぶ書《か》いて60点《てん》

1 □にかん字《じ》を書《か》きましょう。

春

二番目のよこぼうに　つける

9画《かく》

読《よ》み方《かた》
シュン
はる

つかい方《かた》
春分《しゅんぶん》
春先《はるさき》

秋

みじかく　はらう

とめる

9画《かく》

読《よ》み方《かた》
シュウ
あき

つかい方《かた》
秋分《しゅうぶん》
秋風《あきかぜ》

海

とめる

はねる

9画《かく》

読《よ》み方《かた》
カイ
うみ

つかい方《かた》
海水《かいすい》
海《うみ》べ

夏

つける

はらう

10画《かく》

読《よ》み方《かた》
カ・（ゲ）
なつ

つかい方《かた》
夏《か》き
夏休《なつやす》み

冬

はらう　はらう

5画《かく》

読《よ》み方《かた》
トウ
ふゆ

つかい方《かた》
冬《とう》みん
冬休《ふゆやす》み

原

とめる

はらう　はねる

10画《かく》

読《よ》み方《かた》
ゲン
はら

つかい方《かた》
高原《こうげん》
野原《のはら》

2 ―の かん字《じ》の 読《よ》みがなを （　）に 書《か》きましょう。

（1つ 5点《てん》） 20点《てん》

① 春分《ぶん》の ころは 昼《ひる》と 夜《よる》の 長《なが》さが ほぼ 同《おな》じに なる。

（　　）

② しょ夏の 日《ひ》ざしを あびて ヒマワリが よく そだつ。

（　　）

③ 中《ちゅう》秋の 名月《めいげつ》に おだんごを そなえる。

（　　）

④ カエルや カメは 冬みんする 生《い》きものだ。

（　　）

カエル

3 □に 当《あ》てはまる かん字《じ》を 書《か》きましょう。

（1つ 5点《てん》） 20点《てん》

① □《うみ》の そこに しずんだ ちんぼつ船《せん》の 中《なか》を たんけんする。

② 野《の》□《はら》に さく 色《いろ》とりどりの チューリップ。

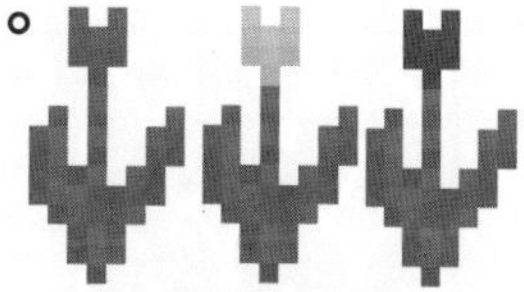
チューリップ

③ や台《たい》を 作《つく》って □《なつ》 まつりの じゅんびを する。

④ □《あき》に とれた キノコで キノコシチューを 作《つく》る。

キノコ

キノコシチュー

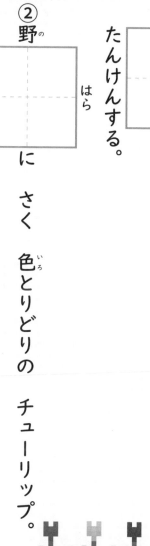

26 きせつ・バイオームにかんするかん字《じ》②

1 □に かん字《じ》を書《か》きましょう。

万

はらう　はねる

3画《かく》

一　丆　万

読《よ》み方《かた》

マン・（バン）

つかい方《かた》

百万円《ひゃくまんえん》　万一《まんいち》

地

長めに　はねる

6画《かく》

一　十　土　地　地　地

読《よ》み方《かた》

チ　ジ

つかい方《かた》

土《と》地《ち》　地《じ》めん

岩

ひらたく 書く　はらう

8画《かく》

丨　山　山　山　岩　岩　岩　岩

読《よ》み方《かた》

ガン　いわ

つかい方《かた》

岩石《がんせき》　岩山《いわやま》

シルバーフィッシュ

回

まん中に　さいごに 書く

6画《かく》

丨　冂　冂　回　回　回

読《よ》み方《かた》

カイ・（エ）　まわる　まわす

つかい方《かた》

回数《かいすう》　遠回《とおまわ》り

谷

あける　つける　はらう

7画《かく》

丿　八　谷　谷　谷　谷　谷

読《よ》み方《かた》

（コク）　たに

つかい方《かた》

谷《たに》ぞこ　谷間《たにま》

野

わすれない　はねる

11画《かく》

野　丨　口　日　日　甲　甲　里　里　野　野　野

読《よ》み方《かた》

ヤ　の

つかい方《かた》

野《や》さい　野《の》山《やま》

ぜんぶ 書《か》いて 60点《てん》

月《がつ》　日《にち》　点《てん》

やったね シールを はろう

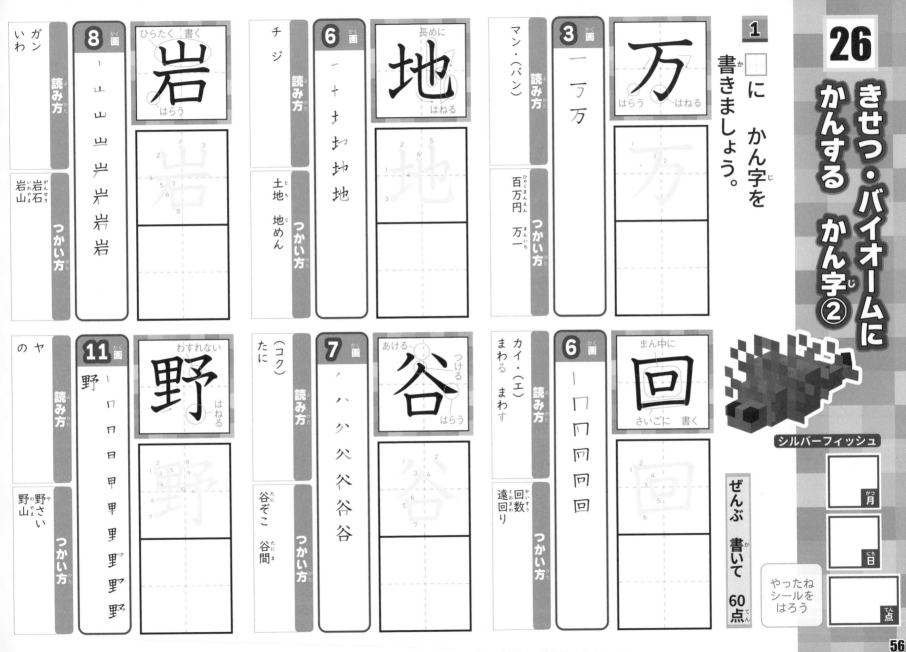

2 ―の かん字《じ》の 読《よ》みがなを （　）に 書《か》きましょう。

20点《てん》（1つ 5点《てん》）

① 万一《いち》の ことを 考《かんが》えて 水《みず》を たくさん ためておく。

② 気《き》に 入《い》った 村《むら》を 何《なん》回も おとずれる。

③ ぼく草《そう》地で たくさんの 牛《うし》を かう。

ウシ

④ ストライダーに のって よう岩の 上《うえ》を すすむ。

ストライダー

3 □に 当《あ》てはまる かん字《じ》を 書《か》きましょう。

20点《てん》（1つ 5点《てん》）

① ツルハシを もって ふかい □《たに》を たんけんする。

ツルハシ

② □《の》の 原《はら》を 歩《ある》いて いた ウサギを つれて 帰《かえ》る。

③ 馬《うま》に のって 草原《そうげん》を 走《はし》り □《まわ》る。

アレックス

ウマ

④ けわしい 山《やま》には きちょうな こう石《せき》が たくさん □《いわ》 ある。

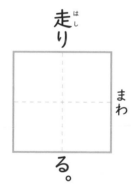

27 家《か》ぞく・友《とも》だちに かんする かん字《じ》①

ラマ

月《がつ》 日《にち》 点《てん》

やったね シールを はろう

ぜんぶ 書《か》いて 60点《てん》

1 □に かん字《じ》を 書《か》きましょう。

兄
5画《かく》
丨 口 口 尸 兄
はねる　はらう
読《よ》み方《かた》 キョウ・(ケイ) あに
つかい方《かた》 兄弟《きょうだい》 兄上《あにうえ》

姉
8画《かく》
く 女 女 女 女 女 姉 姉
はねる　とめる
読《よ》み方《かた》 (シ) あね
つかい方《かた》 姉上《あねうえ》 姉《あね》き

才
3画《かく》
一 十 才
すこし出す　はねる
読《よ》み方《かた》 サイ
つかい方《かた》 天才《てんさい》

弟
7画《かく》
丶 丷 当 当 弟 弟 弟
はらう　とめる
読《よ》み方《かた》 ダイ・(テイ)・(デ) おとうと
つかい方《かた》 兄弟《きょうだい》 弟思《おとうとおも》い

妹
8画《かく》
く 女 女 女 妹 妹 妹 妹
上より長く　とめる
読《よ》み方《かた》 (マイ) いもうと
つかい方《かた》 妹思《いもうとおも》い

友
4画《かく》
一 ナ 方 友
つき出す　はらう
読《よ》み方《かた》 ユウ とも
つかい方《かた》 友人《ゆうじん》 友《とも》だち

2 ―の かん字《じ》の 読《よ》みがなを （　）に 書《か》きましょう。

20点《てん》（1つ 5点《てん》）

①（　　）
兄弟げんかを して 親《おや》に しかられる。

②（　　）
ダイヤモンドを ほり当《あ》てる 才のう。

③（　　）
アレックスとは むかし からの 友人《じん》だ。

④（　　）
姉が 作《つく》る ベイクドポテトは おいしい。

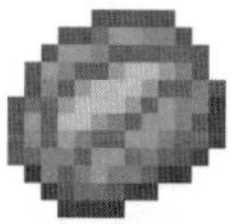

ベイクドポテト

3 □に 当《あ》てはまる かん字《じ》を 書《か》きましょう。

20点《てん》（1つ 5点《てん》）

① モンスターを たくさん たおす □《いもうと》は たのもしい。

② □《あに》が ジ・エンドから ぶじに もどって 来《き》た。

③ □《おとうと》は 馬《うま》を かいならすのが うまい。

④ スケルトンの □《とも》だちも 一《いっ》しょに なって こうげきしてくる。

ウマ

スケルトン

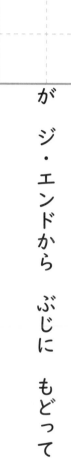

28 家《か》ぞく・友《とも》だちに かんする かん字《じ》②

1 □に かん字《じ》を 書《か》きましょう。

父
4 画《かく》

あける　とめる　はらう

ノ ハ ク 父

読《よ》み方《かた》：フ　ちち

つかい方《かた》：父母《ふぼ》　父親《ちちおや》

元
4 画《かく》

上より 長く　はねる

一 二 テ 元

読《よ》み方《かた》：ゲン　ガン　もと

つかい方《かた》：元気《げんき》　耳元《みみもと》

帰
10 画《かく》

長く　はらう　はねる

読《よ》み方《かた》：キ　かえる　かえす

つかい方《かた》：帰国《きこく》　帰《かえ》り道《みち》

母
5 画《かく》

てん二つ　はねる

読《よ》み方《かた》：ボ　はは

つかい方《かた》：母校《ぼこう》　母親《ははおや》

家
10 画《かく》

はらう　はねる

読《よ》み方《かた》：カ　ケ　いえ　や

つかい方《かた》：家《か》ぞく　空《あ》き家《や》

親
16 画《かく》

みじかく　はねる　とめる　まげる

読《よ》み方《かた》：シン　おや　したしい　したしむ

つかい方《かた》：親《しん》せき　親子《おやこ》

ぜんぶ 書《か》いて 60点《てん》

ウィザースケルトン

月《がつ》　日《にち》　点《てん》

やったね シールを はろう

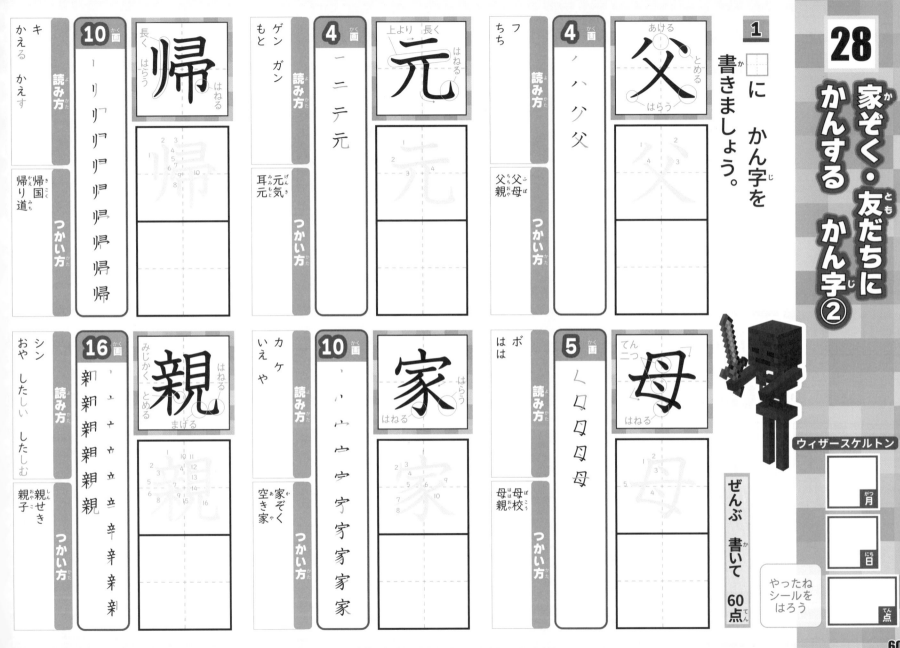

2 ―の かん字《じ》の 読《よ》みがなを （　）に 書《か》きましょう。
（1つ 5点《てん》）20点《てん》

①そ父から ネザースターを もらう。
（　　　）

ネザースター

②そ母に 花《はな》たばを あげる。
（　　　）

③家ぞくで ジャングルへ ぼうけんに 出《で》かける。
（　　　）

④海《かい》がんで ウミガメの 親子《こ》を 見《み》かける。
（　　　）

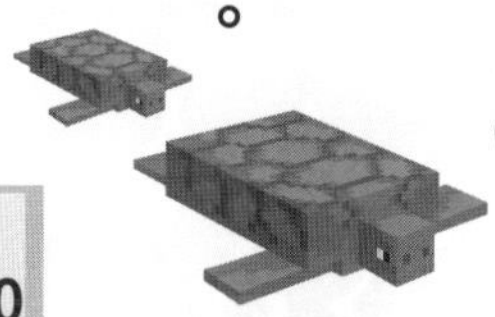
ウミガメ

アレックス

3 □に 当《あ》てはまる かん字《じ》を 書《か》きましょう。
（1つ 5点《てん》）20点《てん》

①クリーパーに ばくはされた きょ点《てん》を □《もと》 通《どお》りに 直《なお》す。

②夜《よる》に なったので モンスターに おそわれないよう いそいで □《かえ》 る。

③□《ちち》 から ウィザーとの たたかい方《かた》に ついて 話《はなし》を 聞《き》く。

ウィザー

④ジャングルの ぼうけんを 通《とお》して 自然《しぜん》に □《した》 しむ。

29 50～61ページの まとめの ミニテスト

50～61ページで 学《がく》しゅうした かん字《じ》を おさらいしましょう。

アレックス

1

―の かん字《じ》の 読《よ》みがなを （　）に 書《か》きましょう。

（1つ5点《てん》）25点《てん》

① トロッコで 丸太《た》を はこぶ。（　）

② とおくに 細長い 土地《とち》が 見《み》える。（　）

③ 夜《よ》明《あ》けと ともに どうくつへ 直行《こう》する。（　）

④ きょ点に サクラの 木《き》を うえる。（　）

⑤ 村人《むらびと》が そだてた 野さいを もらう。（　）

サクラの 木《き》

2

□に 当《あ》てはまる かん字《じ》を 書《か》きましょう。

（1つ5点《てん》）25点《てん》

① □《いわ》場《ば》だらけの 道《みち》を すすむ。

② □《あね》と □《おとうと》が ボートで 海《うみ》を わたる。

③ ウィッチが 何《なん》□《さい》か だれも 知《し》らない。

ウィッチ

④ □《はは》から かまどの 火《ひ》かげんを ならう。

⑤ せい図《ず》□《か》と エメラルドで とり引《ひ》きする。

せい図《ず》か

月《がつ》　日《にち》　点《てん》

やったね シールを はろう

3

生《い》きものたちの　後《うし》ろに　かくれて　いる
かん字《じ》を □ に　書《か》きましょう。

（1つ10点《てん》）50点《てん》

かたち

オウム

①

たに

ブタ

②

いもうと

ロバ

③

とも

ミツバチ

④

いえ

サケ

⑤

読《よ》み方《かた》が
ヒントだ！

ブレイズ

30 学校《がっこう》にかんする かん字《じ》①

1 □に かん字《じ》を書《か》きましょう。

ぜんぶ 書《か》いて 60点《てん》

ウサギ

月《がつ》　日《にち》　点《てん》

やったね シールを はろう

理 11 画《かく》
長く
読《よ》み方《かた》：リ
つかい方《かた》：理《り》ゆう　りょう理《り》

社 7 画《かく》
てん　長く　とめる
読《よ》み方《かた》：シャ　やしろ
つかい方《かた》：会社《かいしゃ》　お社《やしろ》

国 8 画《かく》
わすれない　長めに
読《よ》み方《かた》：コク　くに
つかい方《かた》：外国《がいこく》　北国《きたぐに》

科 9 画《かく》
つき出す　とめる
読《よ》み方《かた》：カ
つかい方《かた》：科目《かもく》　教科書《きょうかしょ》

会 6 画《かく》
つける　はらう　とめる
読《よ》み方《かた》：カイ・(エ)　あう
つかい方《かた》：うんどう会《かい》　出会《であ》い

語 14 画《かく》
てん　長めに
読《よ》み方《かた》：ゴ　かたる　かたらう
つかい方《かた》：外国語《がいこくご》　語《かた》らい

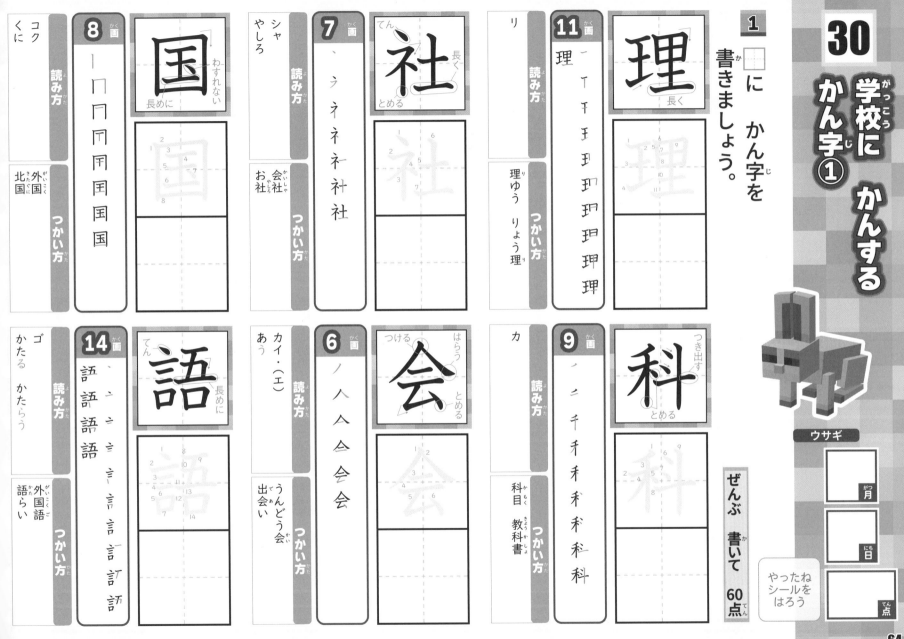

2 ━の かん字《じ》の 読《よ》みがなを（　）に 書《か》きましょう。

（1つ 5点《てん》）20点《てん》

①クリーパーに こわされた 校《こう》ていを しゅう理する。（　　）

②ぼうけんを 通《とお》して 自《し》ぜん科学《がく》を 学《まな》ぶ。（　　）

③村《むら》で 一《いち》ばん 大《おお》きい じん社で あそぶ。（　　）

クリーパー

④アレックスとの 会話《わ》を 楽《たの》しむ。（　　）

アレックス

3 □に 当《あ》てはまる かん字《じ》を 書《か》きましょう。

（1つ 5点《てん》）20点《てん》

①雪《ゆき》□《ぐに》のような 村《むら》を たんけんする。

②ジャングルの ぼうけんの 思《おも》い出《で》を □《かた》る。

③川《かわ》で つった 魚《さかな》を かまどで りょう□《り》する。

さかな

かまど

④タイガの 村《むら》で ぐうぜん スティーブと □《あ》う。

スティーブ

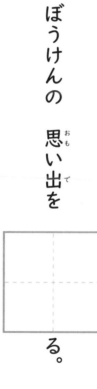

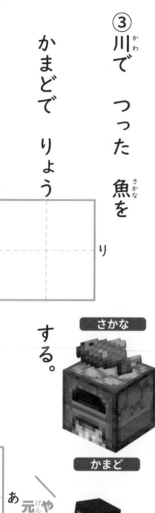

31 学校《がっこう》に かんする かん字《じ》②

1 □に かん字《じ》を 書《か》きましょう。

算

14画《かく》

長く
はらう
とめる

読《よ》み方《かた》
サン

つかい方《かた》
あん算《ざん》　計算《けいさん》

図

7画《かく》

てん　二つ
とめる

読《よ》み方《かた》
ズ　ト
(はかる)

つかい方《かた》
図形《ずけい》　図書《としょ》かん

工

3画《かく》

つき出さない
長く

読《よ》み方《かた》
コウ　ク

つかい方《かた》
工作《こうさく》　大工《だいく》

数

13画《かく》

あける
はらう

読《よ》み方《かた》
スウ・(ス)
かず　かぞえる

つかい方《かた》
数字《すうじ》
口数《くちかず》

画

8画《かく》

つき出さない

読《よ》み方《かた》
ガ　カク

つかい方《かた》
画用紙《がようし》　計画《けいかく》

作

7画《かく》

みじかく
とめる

読《よ》み方《かた》
サク　サ
つくる

つかい方《かた》
作文《さくぶん》
作《つく》り話《ばなし》

クモ

ぜんぶ 書《か》いて 60点《てん》

やったね シールを はろう

月《がつ》　日《にち》　点《てん》

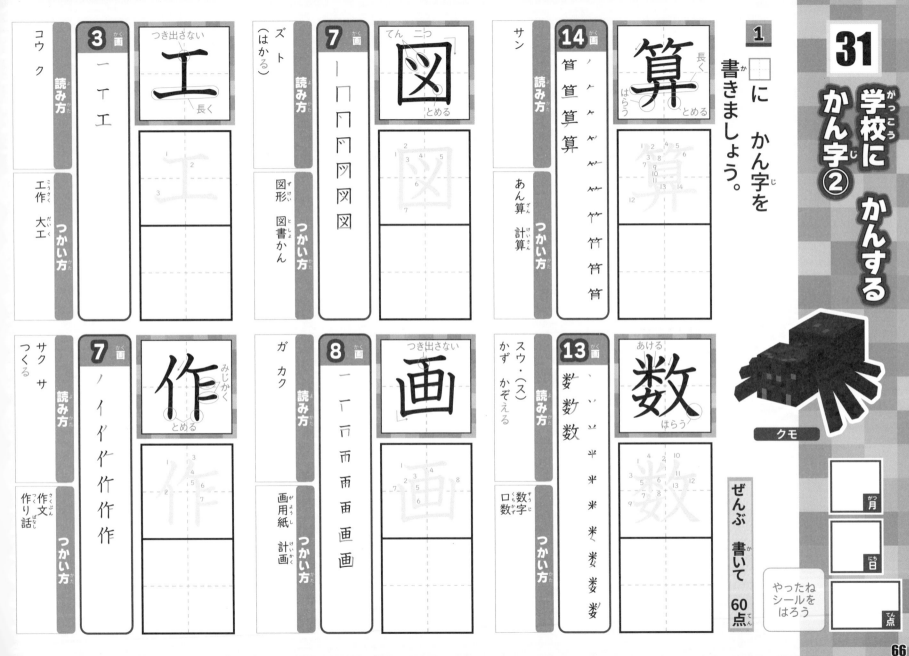

2 ―の　かん字《じ》の　読《よ》みがなを　（　）に　書《か》きましょう。

（1つ5点《てん》）20点《てん》

①ゾンビが　何体《なんたい》　いるのか　す早《ばや》く　計《けい》算する。（　）

②数しゅるいの　野《や》さいを　そだてる。（　）

③図かんで　ウーパールーパーに　ついて　しらべる。（　）

ウーパールーパー

④夏休《なつやす》みに　海《かい》ていしんでんに　行《い》く　計《けい》画を　立《た》てる。（　）

ニンジン

カボチャ

3 □に　当《あ》てはまる　かん字《じ》を　書《か》きましょう。

（1つ5点《てん》）20点《てん》

①ダイヤモンドを　見《み》つけるために　□《く》ふうしながら　地下《ちか》を　ほりすすめる。

②原木《げんぼく》から　いろいろな　道《どう》ぐを　□《つく》る。

原木《げんぼく》

③さくの　中《なか》の　ブタの　□《かず》を　□《かぞ》える。

④□《と》書《しょ》かんで　古《こ》だいしんでんの　本《ほん》を　読《よ》む。

ブタ

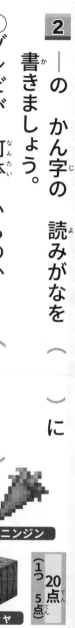

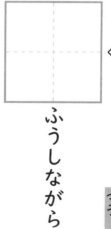

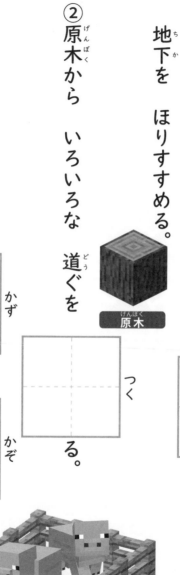

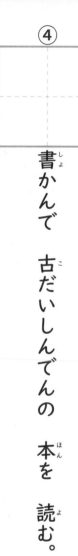

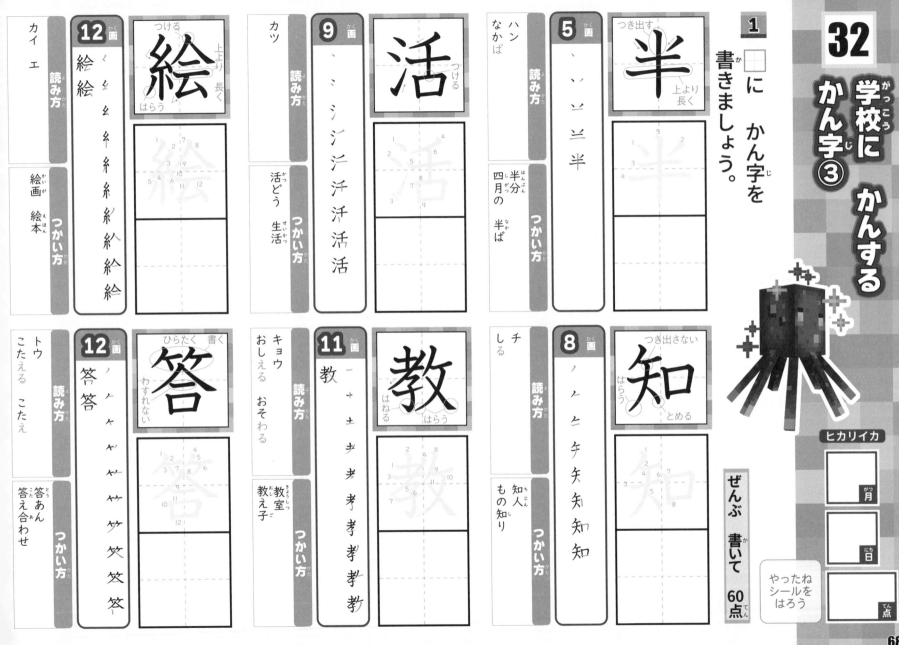

32 学校《がっこう》にかんするかん字《じ》③

1 □に かん字《じ》を書《か》きましょう。

月《がつ》 日《にち》 点《てん》

やったね シールを はろう

ぜんぶ 書《か》いて 60点《てん》

半

つき出す　上より長く

5画《かく》

読《よ》み方《かた》：ハン　なかば

つかい方《かた》：半分《はんぶん》　四月《しがつ》の 半《なか》ば

活

つける　つける

9画《かく》

読《よ》み方《かた》：カツ

つかい方《かた》：活《かっ》どう　生活《せいかつ》

絵

つける　上より長く　はらう

12画《かく》

絵絵

読《よ》み方《かた》：カイ　エ

つかい方《かた》：絵画《かいが》　絵本《えほん》

知

つき出さない　はらう　とめる

8画《かく》

読《よ》み方《かた》：チ　しる

つかい方《かた》：知人《ちじん》　もの知《し》り

教

はねる　はらう

11画《かく》

教

読《よ》み方《かた》：キョウ　おしえる　おそわる

つかい方《かた》：教室《きょうしつ》　教《おし》え子《ご》

答

ひらたく 書く　わすれない

12画《かく》

答答

読《よ》み方《かた》：トウ　こたえる　こたえ

つかい方《かた》：答《とう》あん　答《こた》え合《あ》わせ

2 ―の かん字《じ》の 読《よ》みがなを（　）に 書《か》きましょう。

20点《てん》（1つ5点《てん》）

① 半数《すう》の 生《せい》とが ぼうけんに 出《で》かけた。（　　）

② 友《とも》だちと 知えを 出《だ》し合《あ》い ながら てきと たたかう。（　　）

③ 夜《よる》に なると スケルトンは 活ぱつに うごき回《まわ》る。（　　）

スケルトン

④ 本《ほん》だなに 教科書《かしょ》を ならべる。（　　）

3 □に 当《あ》てはまる かん字《じ》を 書《か》きましょう。

20点《てん》（1つ5点《てん》）

① どうくつの 中《なか》で およそ 千年前《せんねんまえ》に かかれた □《え》を 見《み》つけた。

② 先生《せんせい》の しつもんに すべて □《こた》えられるように けんちくに ついて しらべておく。

スティーブ

③ タイガの 森《もり》は 雪《ゆき》が ふる ことが 多《おお》く すむには きびしい ところだと □《し》る。

④ アレックスに 魚《さかな》の つり方《かた》を □《おし》えて もらう。

アレックス

33 64～69ページの まとめの ミニテスト

64～69ページで 学《がく》しゅうした かん字《じ》を おさらいしましょう。

スティーブ

月《がつ》　日《にち》　点《てん》

やったね シールを はろう

1

―の かん字《じ》の 読《よ》みがなを （　）に 書《か》きましょう。

（1つ5点《てん》）25点《てん》

① チェストの 中《なか》の アイテムを せい理する。（　）

② 学校《がっこう》の 帰《かえ》りに 教会《かい》に よる。（　）

③ いつか 海《うみ》の むこうの 外国《がい》へ 行《い》きたい。（　）

④ 数字《じ》が つかわれた あんごう文《ぶん》を 読《よ》みとく。（　）

⑤ 地図《ち》を たよりに 森《もり》の 中《なか》を すすむ。（　）

チェスト

2

□に 当《あ》てはまる かん字《じ》を 書《か》きましょう。

（1つ5点《てん》）25点《てん》

① □《さ》ぎょう台《だい》で 金《きん》の オノを □《つく》る。

金《きん》の　オノ

② 七月《しちがつ》□《なか》ばに ようやく 雨《あめ》が ふった。

③ もの□《し》りの 村人《むらびと》から 本《ほん》を かりる。

スティーブ

村人《むらびと》

④ □《かい》画教室《がきょうしつ》に 通《かよ》う。

⑤ □《とう》あん用紙《ようし》に 名前《なまえ》を 書《か》く。

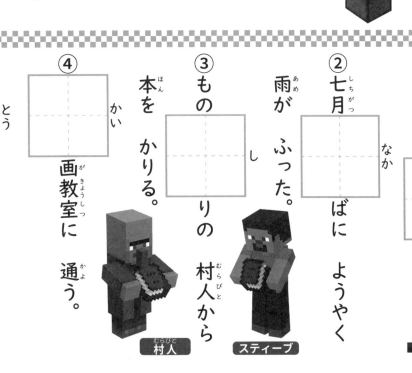

3 上《うえ》と 下《した》の かん字《じ》の 組《く》み合《あ》わせを 正《ただ》しく えらんで 六《むっ》つの 教科《きょうか》の 名前《なまえ》を 作《つく》ったら （　　）に 読《よ》みを 書《か》きましょう。

ぜんぶ 書《か》いて 50点《てん》

理　国　社　音　図　算

語　楽　科　数　会　工

（　　）（　　）（　　）（　　）（　　）（　　）

教科《きょうか》の 読《よ》み

読《よ》みは どの じゅん番《ばん》で 書《か》いても いいよ！

34 まとめのテスト（1）

1 スティーブが かん字《じ》を 間《ま》ちがえて 書《か》きました。正《ただ》しい かん字《じ》を □ に 書《か》きましょう。

スティーブ

月《がつ》 日《にち》 点《てん》

50点《てん》（1つ 10点《てん》）

やったね シールを はろう

①里《り》科《か》の 時《じ》間《かん》に じっけんを する。

②ネザーの ぼうけんの もの話《がたり》を 読《よ》む。

アレックス

③新《あたら》しく できた 広《こう》園《えん》で あそぶ。

④かまどで やいた 午《ぎゅう》肉《にく》を 食《た》べる。

⑤タイガの 村《むら》で 雲《ゆき》合《がっ》せんを 楽《たの》しむ。

2

スティーブと アレックスが なぞなぞを 出《だ》し合《あ》って います。答《こた》えを 線《せん》で むすんで かん字《じ》を □に 書《か》きましょう。

（1つ10点《てん》）50点《てん》

なぞなぞ

①ぼう子《し》の 中《なか》に いる どうぶつは なに？

②食《た》べると おいしい 虫《むし》は なに？

③あさに なると ほえる 花《はな》は なに？

④あつく なると きえて しまう だるまは なに？

⑤羽《はね》が あっても とばないで すずしく なる ものは なに？

アレックス

答《こた》え

□《あさ》□《がお》

□《ゆき》だるま

□《うし》

せん□《ぷう》き

□《ちゃ》わんむし

ウシ

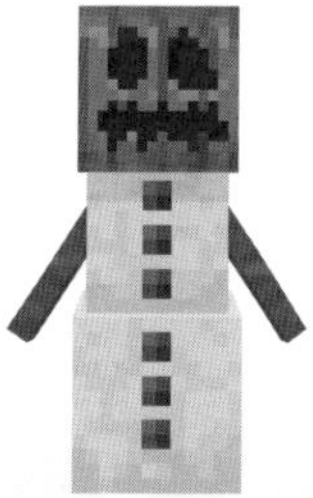

スノーゴーレム

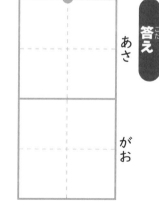

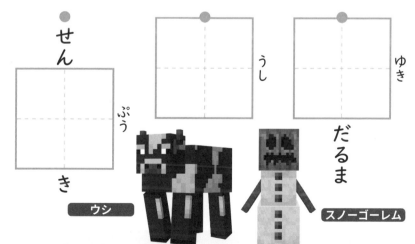

35 まとめのテスト（2）

1 スティーブと アレックスが はんたいの いみに なる 言《こと》ばを 話《はな》して あそんでいます。それぞれの 読《よ》みを かん字《じ》で 書《か》きましょう。

（1つ 5点《てん》）50点《てん》

① □《ふと》い ⇔ ② □《ほそ》い

③ □《とお》い ⇔ ④ □《ちか》い

⑤ □《つよ》い ⇔ ⑥ □《よわ》い

⑦ □《い》く ⇔ ⑧ □《く》る

⑨ □《う》る ⇔ ⑩ □《か》う

月《がつ》　日《にち》　点《てん》

やったね シールを はろう

2 スティーブと アレックスが かん字《じ》が 書《か》かれた カードで あそんで います。二《ふた》つの カードを 組《く》み合《あ》わせて できる かん字《じ》を □ に 書《か》きましょう。

（1つ10点《てん》）50点《てん》

① 日 生 → □

② 女 市 → □

③ 山 石 → □

④ 日 寺 → □

⑤ 糸 会 → □

答《こた》え

1 生《い》きものに　かんする　かん字《じ》

2 ①ぎゅう　②はね　③ぎょ　④な

3 ①馬　②鳥　③牛　④魚

ポイント
漢字の書き順は、二年生でも丁寧に指導します。練習が足りないと感じる場合は、漢字用のノートなどで何度も練習するとよいでしょう。3の③の「牛」は「午」と字の形が似ています。四画目は、上が突き抜けていることに注意しましょう。

2 とり引《ひ》きに　かんする　かん字《じ》

2 ①こう　②ばい　③ごう　④けい

3 ①引　②買　③交　④合

ポイント
3の②の「買」の上の部分は、「四」ではなく「罒」です。注意しましょう。③の「交」は「文」と字の形が似ています。注意しましょう。

3 色《いろ》に　かんする　かん字《じ》

2 ①おう　②めい　③ちゃいろ　④しょく

3 ①黒　②番　③黄色　④明

ポイント
3の②の「番」の書き順を正しく覚えましょう。

4 食《しょく》りょう・アイテムに　かんする　かん字《じ》①

2 ①とう　②ゆみや　③たい　④よう

3 ①矢　②台　③用　④光

ポイント
2の①の「刀」は「力」と字の形が似ています。上の部分が突き抜けないようにしましょう。②の「弓」は書き順に注意しましょう。

5 食《しょく》りょう・アイテムに　かんする　かん字《じ》②

2 ①こめ　②にく　③むぎ　④しょく

3 ①紙　②組　③食　④麦

ポイント
3の②の「組」は右の部分の「且」を「目」としないように注意しましょう。

6 6～15ページの　まとめの　ミニテスト

1 ①とり　②ばい　③くろ　④こう　⑤かみ

2 ①馬　②計　③色　④台　⑤組

3 牛

4 魚

ポイント
2の①の「馬」の書き順を正しく覚えましょう。

7 天気《てんき》に　かんする　かん字《じ》

2 ①とう　②せい　③ふう　④せつ

3 ①晴　②雲　③当　④雪

ポイント
2の②の「せい」は「星」の音読みです。訓読みは「ほし」ですが、「ながれ星」のように、組み合わさる文字によって「ぼし」とにごる場合があります。③の「ふう」は「風」の音読みです。訓読みには「かぜ」と「かざ」の二つの読み方があります。組み合わさる文字によって読み方が変わります。

8 のりもの・けんちくに　かんする　かん字《じ》①

2 ①ない　②こ　③き　④もん

3 ①戸　②外　③自　④自　門

ポイント 3の③の「自」は「白」と字の形が似ています。間違えないようにしましょう。

9 のりもの・けんちくに　かんする　かん字《じ》②

2 ①しつ　②せん　③じょう　④えん

3 ①電　②店　③船　④場

ポイント 3の③の「船」の訓読みには、「ふね」と「ふな」の二つの読み方があります。組み合わさる文字によって読み方が変わります。

10 体《からだ》・気《き》もちに　かんする　かん字《じ》①

2 ①もう　②しん　③ごん　④たい

3 ①考　②声　③言　④体

ポイント 3の②の「うめき声」の「声」は「ごえ」とにごるので気をつけましょう。③の「言」は、横棒の数を間違えないようにしましょう。

11 体《からだ》・気《き》もちに　かんする　かん字《じ》②

2 ①し　②がく　③わ　④とう

3 ①顔　②首　③楽　④話

ポイント 3の④の「話」の左側の「言」がつく漢字は、言葉に関係があります。他に「語」「読」「記」などがあります。

12 18～27ページの　まとめの　ミニテスト

1 ①ぼし　②せい　③し　④そと　⑤しつ

2 ①園　②毛　③考　④楽　⑤思

3 ①毛ひつ　②心ぞう

ポイント 2の①の「園」の書き順に注意しましょう。

13 ていどに　かんする　かん字《じ》①

2 ①しょう　②た　③しん　④こ

3 ①前　②後　③少　④新

ポイント 2の①の「少」と②の「多」、3の①の「前」と②の「後」は、反対の意味の言葉です。組にして覚えるとよいでしょう。

14 ていどに　かんする　かん字《じ》②

2 ①こう　②じゃく　③きん　④えん

3 ①高　②強　③近　④遠

ポイント 3の③の「近」と④の「遠」は、反対の意味の言葉です。組にして覚えるとよいでしょう。

15 町《まち》と　方角《ほうがく》に　かんする　かん字《じ》①

2 ①とう　②なんぼく　③ち　④じ

3 ①東　②西　③北　④池

ポイント 方角については、四字熟語の「東西南北」を覚えておくとよいでしょう。2の④の「じ」は「寺」の音読みです。訓読みは「てら」ですが、「山寺」のように、組み合わさる文字によって「でら」とにごる場合があります。

16 町《まち》と　方角《ほうがく》に　かんする　かん字《じ》②

2 ①こう　②ほう　③し　④きょう

3 ①里　②道　③方　④市

ポイント 3の④の「市」の四画目ははねます。注意しましょう。

17　30〜37ページの　まとめの　ミニテスト

1　①まえ　②ひろ　③みなみ　④さと　⑤ご

2　①高　②寺　③池　④強　⑤道

3　池　寺　多　西

ポイント　**3**は、それぞれの漢字をなぞって、画数を確認するとよいでしょう。

18　時間《じかん》に　かんする　かん字《じ》①

2　①ちょう　②ちゅう　③よ　④なん

3　①今　②毎　③昼　④何

ポイント　**2**の④の「なん」は「何」の訓読みです。**3**の④の「何ごと」のように、組み合わさる文字によって「なに」に変わります。

19　時間《じかん》に　かんする　かん字《じ》②

2　①じかん　②しゅう　③よう　④ご

3　①時　②分　③曜　④間

ポイント　**3**の②の「分」の訓読みは「わ（かれる）」ですが、「分れる」と送り仮名を間違えやすいので、注意しましょう。③の「曜」は右側の形をきちんと書きましょう。

20　どう作《さ》に　かんする　かん字《じ》①

2　①せつ　②し　③らい　④ほ

3　①走　②行　止　③来　④切

ポイント　**3**の②の「行」の訓読みは「おこな（う）」ですが、「行なう」と送り仮名を間違えやすいので、注意しましょう。また「行」の反対の意味の言葉は③の「来」です。組にして覚えるとよいでしょう。

21　どう作《さ》に　かんする　かん字《じ》②

2　①き　②しょ　③つう　④どくしょ

3　①歌　歌　②聞　③書　④通

ポイント　**3**の④の「通」の訓読みは「とお（る）」です。「とう（る）」と間違えやすいので注意しましょう。

22　40〜47ページの　まとめの　ミニテスト

1　①あさ　②まい　③ま　④ぷん　⑤ぎょう

2　①歩　②走　③書　④記　⑤分

3　①朝　②昼　③夜　④何　⑤歌

ポイント　**1**の④の「ぷん」は「分」の音読みです。他に「ブン」「ブ」がありますが、組み合わさる文字によって、このように半だく音になります。

23　形《かたち》に　かんする　かん字《じ》①

2　①かく　②たい　③さい　④けい

3　①形　②丸　③角　④太

ポイント　**2**の③の「さい」は「細」の音読みです。訓読みには「ほそ（い）」と「こま（かい）」があります。送り仮名を間違えないようにしましょう。**3**の④の「太」は、四画目の「丶」を書き忘れないようにしましょう。

24　形《かたち》に　かんする　かん字《じ》②

2　①どう　②ちょう　③ちょっ　④てん

3　①線　②同　③長　④直

ポイント　**3**の④の「直」の「目」は「日」ではないので注意しましょう。

25 きせつ・バイオームに　かんする　かん字《じ》①

2
①しゅん　②か
③しゅう　④とう

3
①海　②原
③夏　④秋

ポイント
3の①の「海」の七画目は、突き出てはねます。③の「夏」の上の部分は「百」ではありません。気をつけましょう。

26 きせつ・バイオームに　かんする　かん字《じ》②

2
①まん　②かい
③ち　④がん

3
①谷　②野
③回　④岩

ポイント
2の①の「万」は、「方」と字の形が似ているので注意しましょう。

27 家《か》ぞく・友《とも》だちに　かんする　かん字《じ》①

2
①きょうだい　②さい
③ゆう　④あね

3
①妹　②兄
③弟　④友

ポイント
2の①の「兄弟」の「兄」と「弟」は、反対の意味の言葉です。組にして覚えるとよいでしょう。「姉」と「妹」も同様です。

28 家《か》ぞく・友《とも》だちに　かんする　かん字《じ》②

2
①ふ　②ぼ
③か　④おや

3
①元　②帰
③父　④親

ポイント
3の①の「もと」は「元」の訓読みです。音読みには「ゲン」「ガン」があり、組み合わさる文字によって読み方が変わります。

29 50～61ページの　まとめの　ミニテスト

1
①まる　②ほそなが
③ちょっ　④てん　⑤や

2
①岩　②姉　弟　③才
④母　⑤家

3
①形　②谷　③妹
④友　⑤家

ポイント
2の①の「岩」と④の「母」の書き順は間違えやすいので、正しく覚えましょう。

30 学校《がっこう》に　かんする　かん字《じ》①

2
①り　②か
③じゃ　④かい

3
①国　②語
③理　④会

ポイント
三年生から始まる理科と社会の漢字は、二年生で習います。

31 学校《がっこう》に　かんする　かん字《じ》②

2
①さん　②すう
③ず　④かく

3
①工　②作
③数　数　④図

ポイント
3の④の「図」は、「口」の中をきちんと書きましょう。

32 学校《がっこう》に　かんする　かん字《じ》③

2
①はん　②ち
③かっ　④きょう

3
①絵　②答
③知　④教

ポイント
2の③の「活」の音読みは「カツ」ですが、「活ぱつ」のように、組み合わさる文字によって「カッ」（促音）に変わります。

33 64～69ページの まとめの ミニテスト

1 ①り ②きょう ③こく ④すう ⑤ず

2 ①作 作 ②半 ③知 ④絵 ⑤答

3

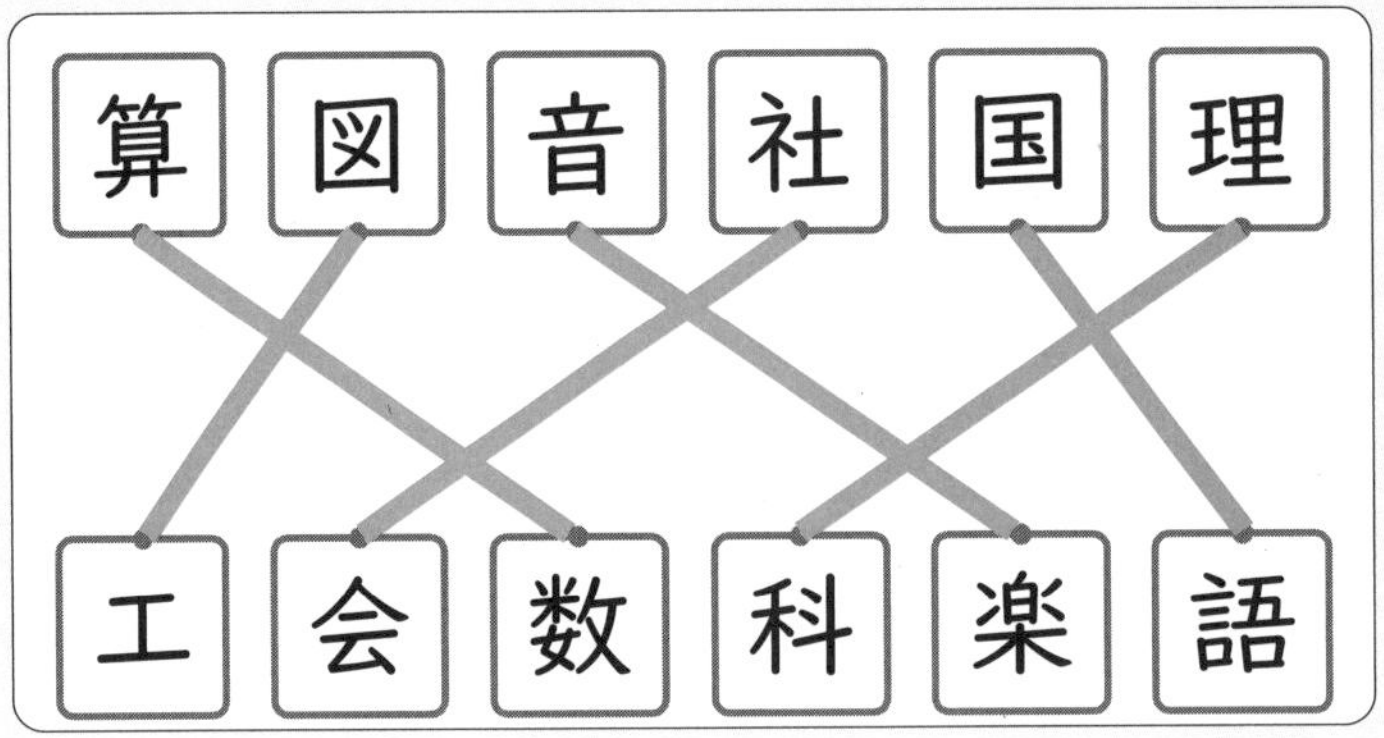

※教科の読み
りか こくご
しゃかい おんがく
ずこう さんすう

ポイント
3の「図工」は、図画と工作のことです。

34 まとめの テスト（1）

1 ①理 ②語 ③公 ④牛 ⑤雪

2

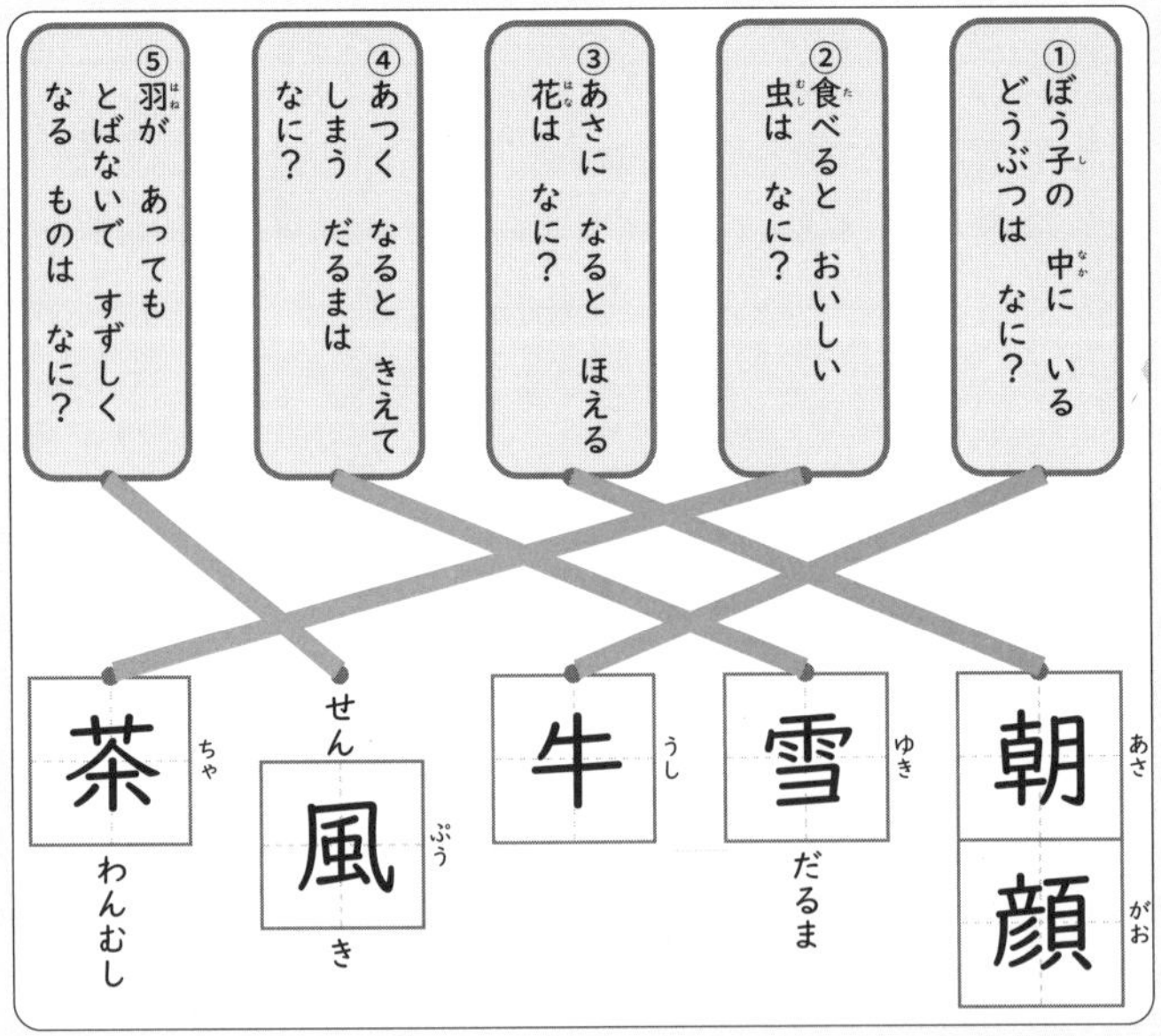

35 まとめの テスト（2）

1 ①太 ②細 ③遠 ④近 ⑤強 ⑥弱 ⑦行 ⑧来 ⑨売 ⑩買

2 ①星 ②姉 ③岩 ④時 ⑤絵

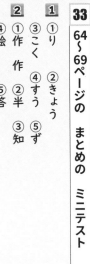